JUMALALLISEN RAKKAUDEN VALO

Keskusteluja
Sri Mata Amritanandamayin kanssa

8. OSA

Toimittanut
Swami Amritasvarupananda

Mata Amritanandamayi Center, San Ramon
Kalifornia, Yhdysvallat

Jumalallisen Rakkauden Valo
Keskusteluja Sri Mata Amritanandamayin kanssa
8. osa

Julkaisija:
Mata Amritanandamayi Center
P.O. Box 613
San Ramon, CA 94583
Yhdysvallat

———————— *Awaken Children 8 (Finnish)* —————

Ensimmäinen painos MA Centerin: huhtikuu 2016

Yhteystiedot Suomessa löytyvät sivuilta: www.amma.fi

Intiassa:
www.amritapuri.org
inform@amritapuri.org

Tämä kirja uhrataan nöyrästi
MATA AMRITANANDAMAYIN
lootusjalkojen juureen
joka on häikäisevä valonlähde, läsnä
kaikkien olentojen sydämessä

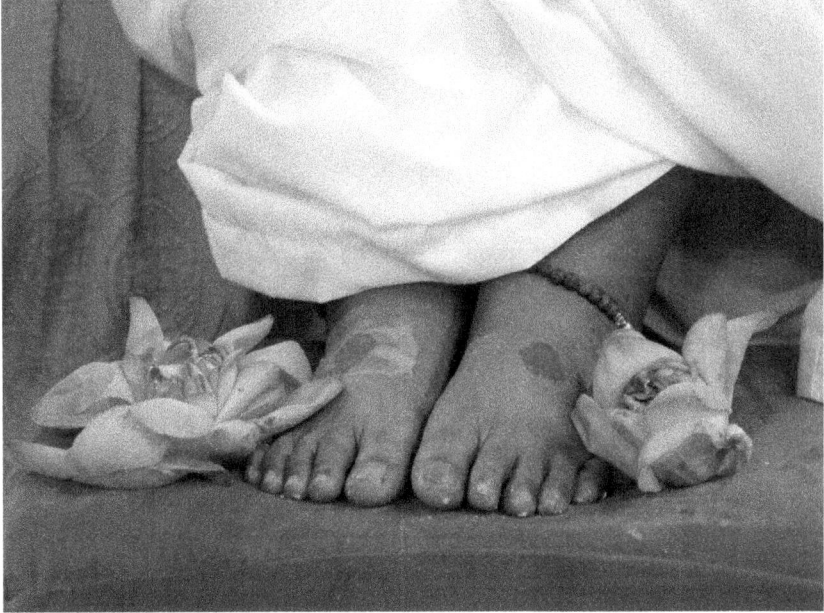

Vandeham-saccidānandam-bhāvātītam-jagatgurum |
Nityam-pūrnam-nirākāram-nirguṇam-svātmasamsthitam ||
Minä kumarran Universaalille Opettajalle, joka on sat-chid-ananda
(puhdas oleminen-tieto-absoluuttinen autuus), joka on kaikkien
eroavaisuuksien tuolla puolen, joka on ikuinen, aina täysi, ominai-
suuksia ja muotoa vailla ja aina keskittynyt Itseen.

Saptasāgaraparyantam-tīrthasnānaphalam-tu-yat |
Gurupādapayovindoḥ-sahasrāmśena-tatphalam ||
Mitä hyvänsä ansioita kerätäänkin pyhiinvaellusmatkoilla ja kyl-
pemällä seitsemään mereen laskevissa pyhissä vesissä, nuo ansiot eivät
voi olla tuhannesosaakaan siitä ansiosta, joka saadaan maistamalla
vettä, jolla Gurun jalat on pesty.

Guru-Gita, jakeet 157, 87

Sisältö

Esipuhe

Äidin ikuinen viisaus virtaa jälleen tämän *Jumalallisen rakkauden valon* kahdeksannen osan kautta. Äidin kaltaisen täydellisen mestarin puhuessa puhuu Puhdas Tietoisuus; Krishna, Buddha, Kristus. Siinä puhuvat menneisyys, nykyhetki ja tulevaisuus; kaikki menneisyyden, nykyisyyden ja tulevaisuuden mestarit. Siinä puhuu Itse, Jumalan ääni. Äidin sanat eivät ole pelkkiä sanoja, koska ne sisältävät oman itsenäisen tietoisuutensa. Äidin ääretön henkinen energia on mahdollista kokea hänen jokaisessa sanassaan, jos lukijalla on meditatiivinen ja keskittynyt mieli.

Tämän kirjan välityksellä rakastettu Äitimme innostaa ja kohottaa meitä. Hän antaa meidän tuntea totuuden, joka vähitellen auttaa meitä sulautumaan sanoinkuvaamattomaan *sat-chit-anandan* (autuaallisessa tietoisuudessa olemisen) valtamereen. Kaiken kaikkiaan tämän suuren mestarin rajattoman viehättävä ja puhdistava läheisyys on mitä hedelmällisin maaperä, jossa sydämemme kukat voivat avautua ja kukkia.

Äiti ei koskaan puhu omasta suurenmoisuudestaan. Mutta tämä salaperäinen ilmiö, Äiti, on vastustamaton voima. Jumalallinen rakkaus ja myötätunto, jota Äiti levittää ympärilleen, on ainutlaatuista. Hän kirjaimellisesti sädehtii rauhaa ja iloa. Hänen olemuksensa on jäljittelemätön ja täydellinen. Äidin sanat ovat kuin totuuden loistavia säteitä, jotka tuovat meille perimmäisen todellisuuden kuolemattoman sanoman.

Voimme jatkaa pyhien kirjoitusten opiskelua, mutta mitään ei tapahdu, jollemme löydä Äidin kaltaista henkistä mestaria. Me koemme *sat-chit-anandan* jumalaisen tuoksun virtaavan hänestä loppumattomana virtana yksinkertaisesti olemalla hänen läheisyydessään.

7

Jumalan läsnäolo tulee meille todelliseksi ja me opimme olemaan oma todellinen Itsemme, ilman opettamista.

—Swami Amritaswarupananda
M.A. Math, Amritapuri

Useimmat tämän kirjan tapahtumista
ovat vuodelta 1986.
Jotkut tapahtumat ovat vuosilta 1984 ja 1985.

1. luku

Leikkisä Äiti

Äiti oli kuin kaunis, tummansininen patsas. Hän istui vaipuneena syvään *samadhin* tilaan rakenteilla olevan uuden ashramin edessä. Lähes kaikki ashramin vakituiset asukkaat ja eräs vieraileva perhe olivat Äidin ympärillä. Kaikki katsoivat häntä tarkkaavaisesti. Aurinko hehkui kirkkaasti ja lämpimästi. Näytti siltä kuin se katselisi alas saadakseen nähdä vilauksen Äidistä ja voidakseen helliä hänen kehoaan kauniin kultaisilla säteillään. Kaikki istuivat keskittyneenä Äidin viehättävään olemukseen. Hän avasi silmänsä ja hymyili heille. Hänen hymyillessään jokaisen sydän avautuu emmekä voi muuta kuin hymyillä takaisin. Hänen suloisella hymyllään on ihanan parantava vaikutus. Sanaakaan sanomatta Äiti voi ilmaista jumalallisuuttaan pelkällä katsellaan, hymyllään tai kosketuk-sellaan. Hänen läheisyytensä on kuin kokisi suoran yhteyden Jumalaan. Tämä pyhä paikka, Amritapuri, jota lakkaamatta valaisee Äidin läsnäolo ja jossa voidaan kokea jatkuva jumalallisen rakkauden virta ja todellisen tiedon syvyys, muistuttaa meitä entisten aikojen rishien *gurukulista*[1].

Äiti alkoi leikkiä vierailevan perheen kaksivuotiaan tytön kanssa. Pikku tytöllä oli karamelli kädessään. Äiti ojensi oikean kätensä ja sanoi tytölle: "Anna palanen Ammalle." Tyttö tuijotti Äitiä pitkään ihmettelevä katse silmissään. Yhtäkkiä hän kääntyi ympäri ja juoksi kikattaen vanhempiensa luokse. Äiti seurasi tyttöä,

---

[1] Erakkomajoja, jonne ennen vanhaan oli tapana lähettää lapset mestarin luokse kahdentoista vuoden oppiin.

11

nosti hänet ylös ja kantoi hänet väkisin takaisin sinne missä oli itse istunut aikaisemmin. Lapsi istui tyynenä Äidin sylissä. Sitten Äiti avasi suunsa ja halusi lapsen syöttävän häntä makeisella. Tällä kerralla lapsi hymyili kauniisti Äidille ja laittoi karamellin hyvin lähelle Äidin suuta. Äiti oli juuri aikeissa haukata palan, kun lapsi äkkiä vetäisi makeisen takaisin, kapusi alas Äidin sylistä ja juoksi karkuun. Tämä herätti suurta hilpeyttä. Äitiä se huvitti ja hän purskahti raikuvaan nauruun. Eräs oppilas huomautti: "Hän muistuttaa Äitiä." Oppilas viittasi *Krishna bhavaan*. Leikkimielellä ollessaan Äidillä oli ollut tapana syöttää *prasadia* oppilailleen, mikä muistutti Krishnan lapsuuden aikaisia leikkejä.

Pyhä Äiti ei ollut halukas antamaan periksi niin helposti. Hän seurasi lasta päättäväisesti, otti hänet kiinni ja kantoi takaisin. Näytti siltä kuin Äidistä itsestään olisi tullut viaton lapsi. Istuessaan jälleen Äidin sylissä, pikku tyttö nautti myös leikistä. Haluten lapsen syöttävän itseään Äiti avasi suunsa uudestaan. Vanhemmat rohkaisivat lasta sanomalla: "*Kunji* (pikkuinen), anna palanen Ammalle. Sinähän rakastat Ammaa paljon, etkö rakastakin?"

Tuijottaen Äidin kauniita kasvoja lapsi laittoi makeisen uudestaan lähelle Äidin suuta. Lapsen aikoessa vetäistä kätensä juostakseen jälleen karkuun Äiti tarttui hänen pieneen käteensä ja puraisi palan makeisesta. Se oli liikaa tyttöselle. Ilmaistuaan kiukkunsa ja vastalauseensa heittämällä makeisen Äidin syliin hän alkoi itkeä. Nähdessään lapsen viattoman käyttäytymisen, Äiti purskahti jälleen nauruun, johon paikalla olevat yhtyivät, lapsen vanhemmat mukaan lukien. Silloin pikku tyttö alkoi itkeä entistä äänekkäämmin, ja protestoi vieläkin rajummin heittäytymällä maahan kieriskelemään. Äiti katsoi häntä ja totesi: "Hänestä tuntuu, että häntä kiusataan." Pian Äiti nosti lapsen ylös maasta ja lohdutti häntä. Hän pyysi Bri. Gayatria[2] tuomaan toisen makeisen. Lapsi oli onnellinen saadessaan uuden makeisen Äidiltä, mutta hän halusi pitää myös entisen. Nyt hänellä oli kaksi makeista kädessään ja Äidin sylissä istuessaan hän

---

[2] Swamini Amrita Prana

12

lakkasi itkemästä. Joku huomautti sanomalla: "Pikkuinen ei halua heittää pois toista palaa, koska se on Amman *prasad*." Ilmapiirin rauhoituttua lapsi katsoi uudestaan Äitiä kasvoihin. Yhtäkkiä hän laittoi makeiset Äidin suun eteen ja tarjosi ne Äidille koko sydämestään. Hän piti pikku käsiään samassa asennossa, kunnes Äiti avasi suunsa ja puraisi hieman molemmista makeisista. Yhä uudestaan lapsi halusi syöttää Äitiä, mutta Äiti sanoi rakastavasti: "Ei, ei, rakas lapseni, ne ovat sinulle. Äiti on saanut riittävästi." Äiti halasi ja suukotteli pikkuista hellästi, ja lasta sylissään pitäen hän alkoi laulaa *Chilanka Kettiä* kuin olisi laulanut kehtolaulua...

Chilanka Ketti

Oi minun lootus silmäiseni
Kiinnitä nilkkaketjusi ja kiiruhda!
Tule tanssien!
Me laulamme Sinun jumalaista nimeäsi
etsiessämme suloisia jalkojasi.

Oi Devakin poika
Radhan oma elämä
oi Kesava, Hare, Madhava[3]
oi Pootanan voittaja
syntien tuhoaja
Gokulan lapsi, kiiruhda!
Oi paimenpoika, saavu tanssien!

Oi Kamsan tuhoaja
joka tanssit Kaliya-käärmeen päällä
oi Kesava, Hare, Madhava
rakastava niitä kohtaan
jotka etsivät turvaa Sinusta
oi Aum-mantran ruumillistuma
vaaroissa kulkevien turva

---

[3] Krishnan nimiä.

Kiiruhda! Oi autuuden sointu
saavu tanssien!

Pandavien suojelija
syntien tuhoaja
oi Kesava, Hare, Madhava
Arjunan varjelija
tietämättömyyden tuhoaja
Kiiruhda! Oi sydämen autuus
saavu tanssien!

Hetken aikaa pikku tyttö istui hiljaa Äidin sylissä, sitten Äiti antoi hänen juosta vanhempiensa luokse. Äiti meni pitkälleen maahan ja laittoi päänsä Gayatrin syliin. Eräs *brahmacharini* kysyi Äidiltä: "Melkein kaikki lapset itkevät syntyessään. Mutta Amma, sinä hymyilit kun tulit tähän maailmaan. Onko sillä jokin erityinen merkitys?"

Äiti: "Tavallisesti vastasyntynyt lapsi itkee, koska lapselle tämä maailma on vieras paikka. Vietettyään yhdeksän pitkää kuukautta äidin kohdussa lapsi yhtäkkiä löytää itsensä uudesta maailmasta. Kohdussa ollessaan lapsella on ollut paljon hankaluuksia, jotka ovat johtuneet äidin suoliston epäpuhtau-desta, ruoansulatuksen aiheuttamasta kuumuudesta ja hänen kehonsa liikehdinnästä. Lapsi kärsii tästä kaikesta yhdeksän kuukautta ja yhdeksän päivää, ennen kuin se tulee tähän maailmaan kokien kivuliasta puristusta ja tukahduttavaa epämukavuutta. Tuntemattomasta ilmanpaineesta ja vieraasta ympäristöstä johtuen vastasyntynyt kokee jälleen hankaluuksia. Lapselle tämä on outo ja vieras maailma, joten se itkee epätoivosta.

Mutta Amma ei tuntenut oloaan vieraaksi saapuessaan tähän maailmaan. Kaikki oli hänelle äärimmäisen tuttua. Kun tietää kaiken maailmasta, voi vain hymyillä. Kun tietää koko maailmankaikkeuden olevan tietoisuuden leikkiä, mitä muuta voi tehdä kuin hymyillä? Kun teillä on voimaa ja kaiken näkevät silmät nähdä todellisuus ulkoisen ilmentymän takana, voitte vain hymyillä. Silloin te havaitsette muuttumattoman alati muuttuvassa ulkokuoressa. Te ette näe siemenen ulkokuorta, vaan näette täydellisen puun piilevän siemenen sisässä. Lyhyesti sanottuna, te näette kaiken todellisen olemuksen, todellisuuden. Kun te kerran kykenette näkemään totuuden, mikään ei ole teille vierasta tai outoa. Olette tuttuja koko universumin kanssa, ettekä hymyile ainoastaan satunnaisesti, vaan jatkuvasti. Elämästänne tulee suurta hymyä. Te hymyilette lakkaamatta kaikelle - ette vain onnellisina hetkinä, vaan myös onnettomina hetkinä. Hymyilette jopa kuolemalle, se on henkisyyttä. Henkisyys on syvää ja aitoa hymyä kaikissa elämän tilanteissa.

Milloin ihmiset tuntevat surua ja epätoivoa? Kun he ovat oudoissa tilanteissa tietämättä mitä tehdä tai minne mennä. Kun he ovat avuttomia, eikä ole ketään, jonka puoleen kääntyä, ja kun he ovat kasvotusten menetyksen, sairauden ja kuoleman kanssa. Sellaisella hetkellä heidät on sysäisty outoon, avuttomaan tilaan. He ovat epätoivon murtamia ja itkevät, koska he eivät ymmärrä mitään. He eivät tiedä, kuinka selviytyä tilanteesta.

Mutta täydellinen sielu tuntee elämän mystisen arvoituksen. Hän tietää, että kaikki hänen ympärillään tapahtuva on vain tietoisuuden leikkiä. Hänen silmänsä kykenevät näkemään kolmen aikajakson taakse ja näkemään todellisuuden. Hän tuntee totuuden, josta koko maailma on syntynyt. Hän tuntee todellisen olemassaolon, maailman perustan. Hän tietää mitä kohden kaikki on kulkemassa ja mihin se lopuksi sulautuu. Tämän tiedon vuoksi hän voi hymyillä kaikelle sydämellisesti. Kaikkitietävyytensä vuoksi täydellinen sielu voi hymyillä kaikelle.

Hymyilevät silmät

Kun tiedätte kaiken, kun silmänne voivat tunkeutua menneisyyden, nykyhetken ja tulevaisuuden tuolle puolen, silloin silmänne hymyilevät, eivätkä vain huulenne. Katsokaa kuvaa, jossa Kali tanssii Shivan rintakehän päällä. Vaikka Kali on hurjan näköinen, hänen silmänsä hymyilevät. Tuo hymy on kaikkitietävyyden hymy. Krishnalla oli hymyilevät silmät. Kaikilla suurilla mestareilla on ainutlaatuisesti hymyilevät silmät. Kun silmillänne on kyky tunkeutua olemassaolon pinnan alle, silloin silmänne sädehtivät iloa. Te näette totuuden – sen joka on kaiken takana – ja siksi te hymyilette. Ulkokuori on harhaa. Mutta nyt epätodellinen ulkokuori ei voi enää petkuttaa teitä, koska te olette oppineet syvälle tunkeutumisen ja kaiken lävitse näkemisen taidon. Pelkkä katseenne paljastaa ulkoisen varkaan ja valehtelijan. Silloin se katoaa ja totuus tulee esiin. Hymyn sanoma on: 'Minä tiedän totuuden.' Se on merkki täydellisestä kaikkitietävyydestä."

Keskustelun päätyttyä Äiti yhtäkkiä kierähti paljaalle maalle. Paikalla oleville asukkaille Äidin oudot mielialat olivat tuttuja ja he siirtyivät nopeasti pois tieltä. He tiesivät, että sellaisella hetkellä Äiti ei halunnut kenenkään koskettavan häntä ja että hän halusi olla pitkällään paljaassa maassa. Äidin silmät olivat suunnattuna taivasta kohden. Hän kohotti oikean kätensä ja piti sitä jumalallisessa *mudrassa*. Hän äänteli toistuvasti oudolla äänellä kuin keskustellen tuntemattomalla kielellä jonkun kanssa. Äiti oli pitkällään täysin liikkumatta. Joidenkin minuuttien kuluttua hän sulki silmänsä ja hänen kasvoilleen syttyi ihmeellinen hymy, joka sai hänen kasvonsa loistamaan harvinaisen säkenöivästi. Äiti makasi tässä asennossa noin kymmenen minuuttia. Sitten hän lausui tavallisen *mantransa* Shiva, Shiva, nousi ylös ja käveli vanhaa temppeliä kohti. Temppeliin mentyään hän sulki ovet takanaan ja viipyi siellä puoli tuntia.

Nipistys ja hyväily

Äidin antama kuvaus kaikkitietävyydestään paljastaa meille väläyksen siitä valtavasta tietoisuudesta, joka hänellä oli jo syntyessään. Suuren totuuden kuuleminen hänen omilta huuliltaan oli sykähdyttävä kokemus.

Äidin toteamus, että *mahatma* kykenee tunkeutumaan kolmen ajanjakson taakse, muistuttaa tapahtumasta, joka sattui eräälle oppilaalle hänen tullessaan tapaamaan Ammaa ensimmäistä kertaa. Tämä Bangaloressa asuva mies oli tullut tapaamaan Äitiä yhdessä vaimonsa kanssa. Pitkä jono eteni hitaasti Äitiä kohti, joka tavalliseen tapaansa vastaanotti lapsensa yhden kerrallaan. Kun tuli miehen vuoro, Äiti nipisti häntä lujasti sanomatta sanaakaan. Mies vihastui niin, että kiehui raivosta. Hänen raivoonsa oli syy. Nuorena poikana hänellä oli voimakas vastenmielisyys nipistelyä kohtaan ja hän vastusti sitä aina kiivaasti, kun hänen vanhempansa tai opettajansa tekivät niin. Hän riitaantui opettajiensa kanssa, jotka joskus nipistivät häntä pienenä rangaistuksena siitä, ettei hän ollut tehnyt läksyjään. Hän jopa sanoi heille: "Hakatkaa minua kepillä, jos tahdotte tai lähettäkää minut ulos luokasta, mutta älkää koskaan nipistelkö minua!" Niinpä tuona päivänä Äidin luo tullessaan ja Äidin nipistäessä hän raivostui todella. Mutta ennen kuin hänen oli mahdollista esittää vasta-lausettaan, Äiti veti hänen päänsä syliinsä, hyväili hänen hiuksiaan ja kampasi niitä hellästi sormillaan. Tämä kokemus kosketti miestä niin syvästi, että kaikki viha katosi ja hän kyynelehti autuaallisesti. Tähänkin tunteeseen oli erityinen syy. Hän pyysi silloin tällöin pikku lapsia silittämään hiuksiaan aivan kuten Äiti oli tehnyt. Hän piti siitä niin paljon, että loikoessaan vuoteessaan hän halusi lasten kampaavan hiuksiaan hellin sormin voidakseen nukkua hyvin. Koska hän tiesi kuinka paljon se merkitsi hänelle, hän oivalsi hetkessä Äidin olevan kaikkitietävä. Kun Äiti ensin nipisti häntä ja sitten hetkeä myöhemmin kampasi hänen hiuksiaan sormillaan, mies oivalsi: "Hän tietää minusta kaiken, hän tietää mistä pidän ja mistä en, ja elämäni on hänelle kuin avoin kirja." Tämän kokemuksen jälkeen mies oli valmis luovuttamaan kaiken Äidin jalkojen juureen.

Mies sanoi: "Kun Äiti nosti pääni sylistään, katsoin hänen kasvojaan hyvin ihmeissäni. Hän hymyili minulle ja sanoi: 'Nipistelyä sinä et siedä, mutta päänsilitystä sinä rakastat, eikö niin?'

Minua nipistämällä ja hiuksiani hyväilemällä tuolla tavoin tunsin voimakkaasti Äidin tahtovan sanoa: 'Poikani, Amma tietää sinusta kaiken.' Olin sanaton ja täysin yllättynyt. Sen jälkeen en enää koskaan epäillyt Äidin kaikkitietävyyttä."

ॐ

2. luku

Ihmissuhteista

Tänään, ennen illan *bhajaneita*, Äiti tuli ulos ja istuutui temppelin länsipuolelle. Vakituiset asukkaat ja jotkut perheelliset oppilaat ympäröivät hänet heti. Eräs perheellisistä, joka oli ammatiltaan pankinjohtaja, kysyi Äidiltä ihmis-suhteista.

Äiti: "Todellinen suhde voi kehittyä vain, jos syvä yhteisymmärrys vallitsee miehen ja vaimon välillä, ystävien välillä tai yleensäkin ihmissuhteissa. Elämässä on erilaisia vaiheita. Avioliitto on yksi niistä, ja se on yksi kaikkein tärkeimmistä. Jotta maailmassa elävä henkilö (esim. perheellinen) kykenisi elämään täysipainoista ja antoisaa elämää, hänen on kuljettava avioliiton tie niin suurella rakkaudella, läheisyydellä, välittämisellä ja antaumuksella kuin mahdollista. Sillä avioliitto, joka eletään asiaankuuluvalla rakkaudella ja ymmärtämyksellä, auttaa herättämään feminiinisyyden miehessä ja maskuliinisuuden naisessa. Tällainen tasapaino auttaa heitä molempia lopulta saavutta-maan lopullisen päämäärän, ikuisen vapauden.

Pariskunta, joka ottaa nämä tärkeät askeleet ja yrittää ymmärtää ja kunnioittaa toistensa tunteita, kykenee elämään täysipainoista elämää. Heidän tulisi olla valmiita antamaan anteeksi ja unohtamaan toistensa viat ja heikkoudet. Avioliitto voi olla oppimisen yltäkylläinen kenttä, joka opettaa puolisoita kehittämään itsessään sellaisia ominaisuuksia kuten kärsiväll-syyttä ja nöyryyttä.

Intialaisessa kulttuurissa naisilla on taipumus olla luonnostaan myöntyväisiä ja vähemmän hyökkääviä. Naisen kärsivällisyys ja nöyryys pitää miehen egon kurissa. Vaikka nyky-yhteiskunta muuttuu nopeassa tahdissa, intialainen yhteiskunta säilyy pohjimmiltaan samana. Mutta jotta avioliitossa vallitsisi tasapaino ja harmonia, miesten ei tulisi olla hyökkääviä, ylimielisiä tai tärkeileviä naisten edessä, eikä heidän pitäisi yrittää hallita heitä. Intiassa miehet ajattelevat usein, että heillä on oikeus hallita naisia ja ettei naisen tulisi koskaan olla millään tavoin miestä etevämpi. Se on selvästi väärä asenne, joka johtuu siitä ettei ymmärretä vanhojen aikojen pyhimysten ja näkijöiden perustamaa kulttuuria.

Äitiys, Jumalan suurenmoinen lahja naisille

Naista tulisi kunnioittaa ja hänen tunteilleen tulisi antaa asiaankuuluva tunnustus. Hänen äidilliset ominaisuutensa tulisi huomioida ja hänelle tulisi antaa korkeampi, hyvin ansaittu paikka yhteiskunnassa miesten rinnalla. Samalla hänen tulisi tiedostaa, että suurenmoisin lahja, jonka Jumala on hänelle antanut, on äitiyden lahja, oikeus synnyttää ja kasvattaa lapsi asiaankuuluvalla huolenpidolla, rakkaudella ja hellyydellä. Se on ainutlaatuinen lahja ja se on yksinomaan hänen. Syntymisen mahdollisuuden antaminen suurille sieluille, jumalallisille inkarnaatioille, suurille johtajille, filosofeille ja tiedemiehille - syntymisen mahdollisuuden antaminen kaikille korkeille sieluille ja koko ihmiskunnalle - on yksi kaikkein suurimmista siunauksista. Miksi Jumala on antanut naisille tämän ihmeellisen lahjan? Siitä syystä, että heillä yksin on kyky ilmaista sellaisia ominaisuuksia kuten rakkautta, myötätuntoa ja kärsivällisyyttä niiden koko täyteydessä ja kauneudessa. Jokaisen naisen tulisi tietää tämä ja yrittää oivaltaa tämän siunauksen erityinen merkitys. Näyttää kuitenkin siltä, että naiset ovat hiljalleen unohtamassa tämän totuuden, ja jos he eivät välitä tästä perustavasta ja korvaamattomasta ominaisuudesta itsessään, yhteiskuntamme järkkyy. Sen tähden on ehdottoman tärkeää, että naiset ottavat huomioon nämä ominaisuudet itsessään.

Useimmiten länsimaisessa yhteiskunnassa naiset unohtavat feminiiniset ominaisuutensa. Tasa-arvon nimessä monet naiset hylkäävät tämän kallisarvoisen siunauksen, joka heille on annettu.

Intialaiseen yhteiskuntaan verrattuna naiset ovat lännessä aggressiivisempia ja taipumattomampia. Yrittäessään saavuttaa miehiä elämän kaikilla alueilla länsimaiset naiset eivät oivalla, että he uhraavat oman luontonsa keskeisimmän osan. Tästä on seurauksena sekasorto ja hämmennys sekä ulkoisessa että sisäisessä elämässä. Amma ei tarkoita, että nainen ei saisi tehdä samoja asioita kuin miehet - hän voi ja hänen pitäisi. Naisilla on suunnattoman suuri sisäinen voima, mutta hänen ei pitäisi mistään hinnasta uhrata sisintä olemustaan. Luonnon vastustaminen on tuhoisaa, se on vaarallista yksilölle itselleen sekä koko yhteiskunnalle.

Lännessä sekä miehillä että naisilla on taipumus olla hyökkäävän hallitsevia. Aggressiivisuus on kuitenkin negatiivista energiaa. Elämässä se saattaa joskus olla tarpeen, mutta ei ihmissuhteissa eikä avioliitossa. Kahden navan ollessa negatiivisia, tuotetaan vain negatiivista energiaa ja tuloksena on täydellinen erimielisyys ja hajaannus.

Länsimaisessa yhteiskunnassa sekä aviomies että vaimo yrittävät hallita toisiaan. He uskovat, että on oikein tehdä niin. Jatkuvista yhteenotoista ja alituisesta köydenvedosta on seurauksena rakkauden ja kauneuden katoaminen suhteesta.

Rakkaus ei ole väkivaltaista hallitsemista, ei myöskään elämä. Niitä ei voida pakottaa. Elämä on rakkautta. Ilman rakkauden tunnetta, jonka avulla me koemme todellisen elämän, elämästämme tulee kuiva ja tyhjä, olemme kuin robotteja. Elämä ja rakkaus ovat toisistaan riippuvaisia, jos ei ole rakkautta, ei välitetä elämästä itsestään."

Avioelämä

Kysymys: "Amma, miksi avioliitoista puuttuu todellinen rakkaus? Mikä aiheuttaa ristiriitaa ja kitkaa?"

Äiti: "Aviomiehen ja vaimon väliltä puuttuu todellinen ymmärtäminen. Useimmissa tapauksissa puolisot eivät edes yritä ymmärtää toisiaan. Todellisen suhteen kehittämiseksi on tärkeää ymmärtää ihmisluontoa, miehen ja naisen olemusta. Miehen tulisi tietää millainen nainen todellisuudessa on ja päinvastoin. Mutta sen sijaan he ovat kahdessa erillisessä maailmassa, joiden välillä ei ole minkäänlaista keskinäistä yhteyttä. He ovat kuin kaksi erillään olevaa saarta, joiden välillä ei ole edes veneliikennettä. Miehet ovat enimmäkseen älykeskeisiä, naisten ollessa taipuvaisempia tunteellisuuteen. He oleilevat kahdessa erilaisessa keskuksessa, kahdella toisensa ohittavalla linjalla. Heidän välillään ei tapahdu todellista keskinäistä kohtaa-mista. Kuinka silloin voisi olla rakkautta näiden kahden välillä? Kun toinen sanoo kyllä, toinen epäilemättä sanoo ei. Koskaan he eivät ole samaa mieltä. Kun toinen sanoo kyllä, kyllä, toinen sanookin ei, ei. Heidän tulisi hyväksyä ja ymmärtää toistensa erilaisuus ja molempien, sekä miehen että vaimon pitäisi todella vakavasti yrittää ymmärtää toistensa tunteita ja sydäntä, ja tämä ymmärrys peruslähtö-kohtana yrittää ratkaista ongelmat. Heidän ei pitäisi yrittää hallita toisiaan. Heidän ei tulisi sanoa toisilleen: 'Kun minä sanon kyllä, niin sinunkin on sanottava kyllä.'

Tällaisista asenteista tulisi luopua, sillä ne johtavat vain vihaan ja kaunaan. Tällaisessa suhteessa rakkaus on hyvin pinnallista. Jos älyn ja tunteen (mieli) välimatka voidaan yhdistää, rakkauden suloinen musiikki alkaa pulputa syvyyksistä heidän välillään. Todellinen yhdistävä tekijä on henkisyys. Katsellessanne esivanhempianne havaitsette, että heidän avioliittonsa olivat rakkaudellisempia kuin tämän päivän liitot. Heidän elämässään oli paljon enemmän rakkautta ja yhteis-ymmärrystä, koska he ymmärsivät paremmin henkisiä perusarvoja ja niiden osuuden arkielämään.

Amma on kuullut seuraavan tarinan. Aviovaimo päätti hankkia lemmikkieläimen, mutta mies oli sitä vastaan. Eräänä päivänä miehen ollessa poissa vaimo meni lemmikkieläin-kauppaan ja osti apinan. Tarpeetonta sanoa, että mies oli hyvin vihainen tultuaan kotiin ja löydettyään talosta apinan. Hän kysyi vaimolta: 'Mitä tuo otus syö?'

'Luonnollisesti samaa ruokaa kuin mekin syömme', vaimo vastasi.

'Ja missä se nukkuu?'

'Tietysti samassa vuoteessa meidän kanssamme', tuli vastaus.

'Mutta etkö ole huolissasi hajusta!'

'Ei! Sinun ei tarvitse murehtia, jos minä olen kestänyt sitä viimeiset kaksikymmentä vuotta, olen aivan varma, että eläinraukka kestää sen myös!'

Kaikki purskahtivat nauramaan. Lopetettuaan tarinan Äiti jatkoi: "On todella harvinaista löytää aitoa rakastavaa suhdetta. Rakkaus aviopuolisoiden välillä on tavallisesti vain näennäistä. Jos toinen sanoo 'kyllä', toinen kokee tarpeelliseksi sanoa 'ei'. Lapset, opetelkaa kunnioittamaan toistenne tunteita. Opetelkaa kuuntelemaan toistenne ongelmia rakastavasti ja huolehtivasti. Kuunnellessanne kumppanianne hänellä tulisi olla tunne, että olette aidosti kiinnostuneita ja että vilpittömästi haluatte auttaa. Kumppaninne tulisi saada kokea, että huolehditte ja välitätte hänestä ja että kunnioitatte ja ihailette häntä. Toinen pitää hyväksyä sellaisenaan ilman ehtoja. Yhteenottoja tapahtuu pakostakin, syntyy ymmärtämättömyyttä ja erimielisyyttä. Mutta myöhemmin olisi kyettävä sanomaan: 'Olen pahoillani, anna minulle anteeksi, en tarkoittanut sitä.' Tai voitte sanoa: 'Minä rakastan sinua ja olen syvästi huolissani sinusta - voit luottaa siihen. Olen pahoillani, minun ei olisi pitänyt sanoa, mitä sanoin. Vihastuksissani menetin itsehillintäni ja arvostelukykyni.' Tällaiset tyynnyttävät sanat auttavat parantamaan loukattuja tunteita, jopa vakavankin riidan jälkeen."

Äiti lopetti ja sanoi: "Balumon (Balu[4], poikani), laula jokin laulu."

Br. Srikumaria[5] pyydettiin tuomaan harmooni. He alkoivat laulaa *Mauna Ghanamritaa*. Äiti nojasi päätään Bri. Gayatrin olkapäähän ja kuunteli *bhajaneja* silmät puoliksi suljettuina. Autuaallinen, säkenöivä hymy Äidin kasvoilla merkitsi selvästi, että hän oli kääntynyt sisään päin.

---

[4] Swami Amritaswarupananda
[5] Swami Purnamritananda

23

Mauna ghanamrita

Ikuisen kauneuden ja rauhan
syvässä hiljaisuuden tyyssijassa,
missä Gautama Buddhan mieli vapautettiin,
loistossa joka tuhoaa kaikki kahleet...
Autuuden rannalla,
joka on ajatuksen ulottumattomissa...

Tiedossa joka tarjoaa ikuisen sopusoinnun,
tyyssija ilman alkua tai loppua,
autuuden tiedostaneena vain kun
mielen levottomuus lakkaa,
voiman valtaistuimella,
täydellisen tietoisuuden alueella...

Päämäärässä joka tarjoaa ikuisuuden
suloisen maun ilman kaksinaisuutta
kuvailtuna 'Sinä olet Hän',
se on paikka jonne kaipaan;
Mutta voin tehdä niin vain
Sinun armosi avulla

Laulun päätyttyä Äiti nojasi yhä Gayatrin olkapäätä vasten. Kun Äiti vähitellen havahtui ja nousi istumaan, eräs oppilaista sanoi hänelle: 'Amma, sinä puhuit meille ihmissuhteista.'
Sitten Äiti jatkoi puhumista.

Kiinnittäkää huomiota toistenne hyviin ominaisuuksiin ja ihailkaa niitä

"Lapset, jokaisella ihmisellä on sekä hyviä että huonoja puolia. Yrittäkää aina huomata toistenne hyvät ominaisuudet ja ihailla niitä. Aina kun puhutte kumppanistanne toisille, yrittäkää tuoda esiin hänen hyvät ominaisuutensa, älkää koskaan mainitko hänen heikkouksiaan toisten kuullen. Mitkä hänen heikkoutensa sitten ovatkaan, niiden tulisi säilyä kahdenkeskisinä salaisuuksina. Teidän tulisi myönteisesti suhtautumalla selvittää yhdessä ongelmanne loukkaamatta toisianne syytöksillä. Ennen kaikkea meidän tulisi tulla tietoisiksi omista heikkouksistamme, koska se on paras tapa päästä niistä eroon. Älkää koskaan käyttäkö kumppaninne vikoja aseena häntä vastaan. Kun huomautatte jostakin heikkoudesta, tehkää se rakastavasti pyrkien poistamaan sen elämästänne myönteisellä tavalla. Heikkoudet ovat epäkohtia, joiden vuoksi teidän on vaikeaa ilmaista täysin itseänne. Nähkää nämä epäkohdat esteinä ja opetelkaa poistamaan ne.

Hiljattain eräs oppilas, joka työskentelee erään sairaalan hallintotehtävissä Bombayssa, kertoi epäsiisteyttä koskevasta ongelmasta sairaalassa. Monilla ihmisillä pohjoisessa on tapana jauhaa betelmälliä, joka on sekoitus pippurin lehdistä, maapähkinästä ja muista aineksista. Heillä on tapana pureksia mälliä ja sitten sen enempää ajattelematta sylkäistä kirkkaan punainen aine suustaan missä tahansa sattuvat olemaan. Koska sairaalan hissien nurkat oli roiskittu punaisella syljellä, johtokunnan kokouksessa yritettiin ratkaista tämä ongelma. Lopulta päätettiin asennuttaa peilit hissien kaikkiin seiniin. Kun se oli tehty, ihmiset lakkasivat syljeksimästä hisseissä. Mikä sai heidät lopettamaan? Epäilemättä heidän oma kuvansa peileihin syljeksimässä. Nähdessään kuinka rumalta se näytti, he eivät voineet enää jatkaa sitä ja niin se päättyi.

Samalla tavoin katsokaa omia vikojanne ja ne tulevat poistumaan automaattisesti. Nähdessänne omat heikkoutenne ja huonot tapanne, tulette tietoisiksi niiden rumuudesta. Teidän heikkoutenne ovat pimeyden kätkössä, mutta tiedostamalla ne saadaan päivän valoon.

Arvostetut esivanhempamme ovat antaneet meille suurenmoisen esimerkin siitä, kuinka toisia tulee huomioida ja kunnioittaa heidän hyvien ominaisuuksiensa vuoksi.

Ramayanassa on kuvaus kauniista tapahtumasta, jossa Sri Rama on unohtumattomana esimerkkinä nöyryydestä. Hän huomioi

Urmilan, Lakshmanan siveellisen vaimon, joka teki suurenmoisen uhrauksen.

Kun Lakshmana, Raman veli, seurasi Ramaa metsään tämän maanpaon aikana, Urmila pakotettiin viettämään neljätoista vuotta Ayodhyassa ja kärsimään suunnatonta eron aiheuttamaa tuskaa avio-miehestään, jota hän ihaili. Ramalla oli mukanaan pyhä puolisonsa Sita, mutta Lakshmanan oli jätettävä vaimonsa Ayodhyaan. Urmila eli uhrautuvaa elämää ajatellen lakkaa-matta aviomiestään. Eräänä päivänä, kun Rama lopulta palasi Ayodhyaan, hänen nähtiin kävelevän Urmilan yksityis-huoneistoa kohti. Lakshmana seurasi häntä uteliaisuuttaan ja katseli salaa mitä Sri Rama aikoi tehdä. Se mitä Lakshmana näki, sai hänet kirjaimellisesti purskahtamaan itkuun. Urmila oli syvässä unessa vuoteellaan. Herra liitti kätensä yhteen kunnioituksen osoituksena ja käveli vuoteen ympäri kolme kertaa, minkä jälkeen hän kumartui kunnioittavasti Urmilan jalkojen juureen, kuten ihmisillä on tapana tehdä temppeleissä.

Myöhemmin kun Lakshmana pyysi Sri Ramaa selittämään tämän tapahtuman tarkoituksen, Rama vastasi: 'Urmila on suuren kunnioituksen ja ihailun arvoinen. Hänen tekemänsä uhraus ansaitsee ihailumme. Minä halusin antaa hänelle tunnustuksen, mutta hänen tietämättään, koska jos hän olisi ollut hereillä, hän ei olisi antanut minun tehdä sitä. Siksi menin hänen luokseen, kun hän nukkui.'

Tällaisia *mahatmojen* näyttämiä suurenmoisia esimerkkejä tulisi muistella ja seurata. Ne tuovat rakkautta, rauhaa ja sopusointua sekä sisäiseen että ulkoiseen elämäämme poistaen suhteestamme ja avioelämästämme kaiken epäsoinnun. Miesten ei tulisi koskaan olla ylimielisiä tai haluttomia tunnustamaan naisten hyviä ominaisuuksia. Heidän asenteensa on todella väärä, jos he ajattelevat: 'Hänhän on vain nainen.'

Pankaa merkille, kuinka merkityksettömiä nykyiset ihmissuhteet ovat. Puolisoiden välillä on harvoin todellista rakkautta. Tuomitsemme, pelkäämme ja epäilemme liikaa, jotta rakkaudellinen suhde tulisi mahdolliseksi. Rakkauden ja aidon yhteisymmärryksen puutteesta johtuen suhteet jäävät pinnallisiksi.

Amman mieleen tulee hänen vastikään kuulemansa tarina kahdesta miehestä, jotka kohtasivat kadulla. Toinen heistä sanoi: 'Sinä onnenpekka! Olet valloittanut itsellesi sievän tyttöystävän. Kerrohan, mitä hän ajattelee sinusta?' 'Hän on sitä mieltä, että olen suurenmoinen persoonallisuus, että olen lahjakas laulaja ja etevä maalari', tuli vastaus. 'Ja entä sinä? Mikä sinua hänessä viehättää?' 'Se, että hän ajattelee minun olevan suurenmoinen persoonaallisuus, lahjakas laulaja ja etevä maalari.'

Naurun laantuessa Äiti pyysi, että joku laulaisi, ja eräs perheellinen oppilas lauloi laulun

Amritamayi Anandamayi

Oi nektarin Jumalatar
loppumattoman autuuden Jumalatar
oi Äiti Amritanandamayi
nektarin Jumalatar
ikuisen autuuden Jumalatar...

Oi Äiti,
kun Sinä näet lastesi virtaavat kyyneleet
Sinun sydämesi sulaa myötätunnosta.

Oi myötätunnon Äiti,
rakastavasti Sinä hellit lapsiasi
ruokkimalla heitä
hellyyden maidolla.
Oi Äiti, jalokiven hohtoinen
tule ja asusta sydämessäni!
Sinun lootusjalkasi ovat tämän raukan
ainoa pelastus.

Sinä säihkyt sisältä
ulkoisen silmän sisäisenä silmänä;
Sinä olet Kannan (Krishnan) äiti

*Sinä olet koko maailmankaikkeuden äiti
universumin Jumalatar.*

Todellisen suhteen tunnusmerkki

Laulun jälkeen Äiti jatkoi samasta aiheesta.
Kysymys: "Mitkä ovat aidon suhteen tunnusmerkit?"
Äiti: "Kahden ihmisen samastuminen toisiinsa on aidon ihmissuhteen tunnusmerkki. Rakkauden intensiivisyys riippuu samastumisen määrästä, joka vallitsee kahden ihmisen välillä. Oletetaan jonkun kysyvän teiltä: 'Kuka ystävistäsi on sinulle rakkain, a, b vai c?' Ehkäpä joudut ajattelemaan hetken aikaa tai sanot spontaanisti: 'Rakastan a:ta eniten. Hän on paras ystäväni.' Mitä se merkitsee, kun kerrot pitäväsi a:sta eniten? Se tarkoittaa, että olet samastunut enemmän a:han kuin b:hen tai c:hen, eikö niin? Todellinen ihmissuhde tai aito rakkaus perustuu samastumisen määrään. Sitä ei kuitenkaan voi mitata, sillä se on syvä tunne sisimmässämme. Samastumisen edetessä tuo yhteenkuuluvuuden tunne näkyy myös ulkoisesti. Sydämenne täyttyy ylitsevuotavalla rakkaudella, joka näkyy sanoissanne ja teoissanne, ja jopa kehonne alkavat muistuttaa toisiaan. Sitä tapahtuu harvoin maallisissa suhteissa. Kuitenkin henkisissä suhteissa se tapahtuu puhtaalla, syvällä tavalla. Se tapahtuu esimerkiksi opetuslapselle, joka on täysin antautunut henkiselle mestarilleen ja jonka sydämen täyttää rakkaus ja antaumus mestariaan kohtaan.

Juuri niin tapahtui *gopeille* Vrindavassa. *Gopeista* tuli Sri Krishnan kaltaisia, kun he ajattelivat lakkaamatta häntä. *Gopeilla* oli aikoinaan tapana sanoa toisilleen: 'Ystävä, katso minua. Minä olen Krishna. Kävelen kuin hän, enkö kävelekin? Huomaatko jumalallisen huilun kädessäni ja riikinkukon sulan kruunussani?'

Amma tuntee avioparin, joka on tällä tavoin samastunut toinen toisiinsa. Mies ja vaimo ovat kuin kaksoset, jopa heidän äänensä ja liikkeensä ovat samankaltaiset. Amma on tuntenut heidät kauan. He ovat ihanteellinen pari. Sellainen keskinäinen rakkaus, kunnioitus, ymmärtäminen, kärsivällisyys ja anteeksianto on epätavallista. Se voi tapahtua maallisessa suhteessa, jopa avioliitossa, mikäli teillä on oikea asenne. Sen kaltaisessa syvässä rakkaudessa jopa tapanne ajatella on samanlainen. Aviomies saattaa esimerkiksi ajatella jotain sanomatta sanaakaan. Hänen vaimonsa on kuitenkin jollain tavalla siitä tietoinen. Mies ajattelee jotakin ja vaimo sanoo saman asian tai mies toivoo tekevänsä jotakin ja yhtäkkiä vaimo ilmaisee saman toiveen. On sunnuntai ja mies istuu työhuoneessaan yrittäen saada tärkeän työn valmiiksi. Hän tuntee olonsa hyvin väsyneeksi, mutta ei voi ottaa päiväunia, koska työn on oltava valmiina esimiehen työpöydällä seuraavana päivänä. Kamppaillessaan pitääkseen silmänsä auki hän ajattelee itsekseen: 'Tarvitsen kupillisen vahvaa kahvia.' Mutta hän ei halua häiritä vaimoaan, koska tietää vaimollaan olevan kiire valmistella sunnuntailounasta. Hänellä ei ole tapana juoda kahvia siihen aikaan päivästä ja kuitenkin hänen hämmästykseensä vaimo astuu hetkeä myöhemmin huonee-seen ja ojentaa hänelle kahvikupin. Mies kysyy: 'Kuinka ihmeessä tiesit minun tarvitsevan kupin kahvia?' Vaimo hymyilee ja vastaa: 'Minusta vain tuntui, että halusit kahvia.' Silloin tällöin tämän kaltaisia asioita tapahtuu ihmissuhteissa ja niitä voidaan kehittää, jos vain parilla on oikea tunne ja keskinäinen yhteisymmärrys. Ne kasvavat ja lopulta ne ilmenevät heidän kaikissa ajatuksissaan ja toimissaan.

Jos tämä voi tapahtua tavallisessa ihmissuhteessa, silloin samastuminen tai ykseyden tunne gurun ja oppilaan välisessä suhteessa on verrattomasti suurempa.

Gayatrilla oli kokemus, joka on mainitsemisen arvoinen. Kerran Amma työskenteli ulkona ashramin asukkaiden kanssa. Amman palatessa myöhemmin huoneeseensa hänen kätensä olivat likaiset. Hän halusi pestä ne ja pyysi siksi Gayatria tuomaan saippuaa ja vettä. Gayatri alkoi pestä omia käsiään kylpyhuoneen hanan alla. Lakshmi näki hänen seisovan kylpyhuoneessa ja pesevän omia käsiään Amman odotellessa saippuaa ja vettä. Lakshmin oli muistutettava häntä, että Amma odotteli käsien pesua. Kun Gayatri kuuli Lakshmin sanat, hän havahtui. Oivaltaessaan, että oli pessyt omia käsiään

Amman käsien asemasta, hän huudahti: 'Hyvänen aika, ajattelin
peseväni Äidin käsiä!' Hän oli hämmentynyt ja vilkaisi Ammaa
syyllisen näköisenä. Mutta Amma ymmärsi mitä oli tapahtunut.
Gayatrille tapahtui näin, koska hän kykeni unohtamaan itsensä.
Kyky kokea tämä sulautuminen ja täydellinen samastuminen on
kuitenkin aina meissä.

Aito suhde on mahdollinen vain, kun luovumme kaikista en-
nakkoasenteistamme ja epäluuloistamme ja lakkaamme olemasta
menneisyyden vankeja. Teidän mielenne on menneisyys. Lakat-
kaa takertumasta menneisyyteen, niin olette vapaita ja levollisia.
Menneeseen takertuminen on kuin eläisi pimennossa. Me kaikki
haluamme olla valossa. Lopettakaa taistelu menneisyyden kanssa,
lopettakaa siihen reagoiminen, niin pääsette valoon. Silloin huo-
maatte selkeästi kaiken, mitä sisällänne tapahtuu. Saatte selkeän
näkemyksen ja teidän on mahdollista muodostaa aito kumppanuus."

Äidin puhuessa aurinko laskeutui hitaasti läntiselle taivaan-
rannalle sukeltaen syvän siniseen valtamereen. Kuten aurinko
työskentelee väsymättömästi ylläpitääkseen elämää maapallolla, Äiti,
henkinen aurinko, työskentelee lakkaamatta innoittaen lapsiaan
syvällisillä sanoillaan, jumalallisella läsnäolollaan, myötätuntoisella
halauksellaan ja innoittavilla lauluillaan. Vertaansa vailla olevalla
tavalla hän koskettaa jokaisen sydäntä ilmaisemalla koko olemuk-
sellaan rakkautta ja myötätuntoa, auttaen jokaista avautumaan
kokonaan. Sitten he vuorostaan levittävät suloista, jumalallista
tuoksua ja kauneutta kaikkialle ympärilleen.

Lakattuaan puhumasta Äiti nousi istuimeltaan ja seisoi kädet
ojennettuina taivasta kohden. Hän kutsui: "Shivane!" Hetken aikaa
hän seisoi silmät suljettuina samassa asennossa, ja sitten hän käveli
temppeliin. Oli *bhajanien* aika. Kohta Äiti nostaisi lapsensa haltioi-
tuneiden, soinnukkaiden sävelten siiville. Autuaallisessa mielentilassa
Äiti alkoi laulaa laulua

Anjana Sridhara

Oi Sridhara,
tummahipiäinen ja kaunis
minä tervehdin Sinua yhteen liitetyin käsin.
Voitto Krishnalle,
tervehdys Hänelle!

Oi Krishna,
joka synnyit maailmaan
jumalallisena lapsena,
suojele minua kaikin tavoin.

Oi rakas Krishna,
hävitä suru sydämestäni.
Oi paimenpoika,
lootussilmäinen Krishna,
tule ja loista sydämessäni!

Oi Krishna!
Olen täynnä kaipausta
nähdä Sinun rakkaan,
onnea antavan hahmosi kauneuden.

Oi paimenpoika,
kiiruhda jo luokseni
soittamaan huiluasi!

ॐ

3. luku

Lapsen kauneuden salaisuus

Uuden temppelirakennuksen ollessa työn alla ashramin alue oli aika sotkuinen. Äiti vaati kuitenkin, että kaikki tiilet, hiekka ja muut rakennustarvikkeet pidettäisiin järjestyksessä. Aina kun Äiti tuli huoneestaan, hän alkoi itse siivota ympäristöä. Mitä Äitiin tuli, mikään työ ei ollut hänelle liian halpa-arvoista. Hänen nähtiin kantavan tiiliä ja hiekkakoreja päänsä päällä, hetken kuluttua tarttuvan lapioon ja alkavan täyttää hiekkakoreja. Tänä aamuna Äidin tultua ulos hän pyysi asukkaita tuomaan koreja ja työkaluja ja alkoi siivota pihaa. Hetken kuluttua koko ashramin väki oli jalkeilla valmiina työntekoon. Työskennellessään asukkaiden kanssa Äiti lauloi laulun

Entu Chevo Yedu Chevo

Voi! Mitä minun olisi tehtävä?
Nandan poikaa ei löydy mistään.
Nousiko Hän varhain tänä aamuna
mennäkseen metsään paimentamaan karjaa?

Vai - oi Jumala! - katkaisiko Hän jalkansa
ottelussa toisten lasten kanssa?
Tai ehkä Hän on juossut sinne
ja tänne
ja pudonnut ojaan...

Kaikki yhtyivät mukaan ja lauloivat kuoro-osan. Äiti oli täydellinen esimerkki siitä, kuinka työ tehdään Jumalan palveluna. Työskentelyä jatkui yli tunnin. Koska Äidin läsnäolo antaa kauneutta ja viehättävyyttä kaikkiin tilanteisiin, ilmapiiri oli nyt osallistujien kesken erittäin riemukas. Kun siivoaminen päättyi, Äiti istuutui ja ashramin asukkaat ja perheelliset kerääntyivät hänen ympärilleen.

Kaikkien rentoutuessa erään asukkaan mielessä heräsi kysymys: "Henkiset mestarit kaikkialla pitävät pientä lasta esimerkkinä äärimmäisestä täydellisyyden tilasta. Mikä lapsessa on niin erityistä henkisessä mielessä?"

Äiti: "Katsokaa lasta. Lapsi ei ole koskaan huolissaan menneisyydestä eikä tulevaisuudesta. Mitä tahansa lapsi tekee, hän tekee sen täysin keskittyneesti. Lapsi on kaikissa tekemisissään täysipainoisesti läsnä, hän ei voi tehdä mitään puolinaisesti. Lapset elävät nykyhetkessä, siksi ihmiset tuntevat vetoa heihin. Koska lapsessa ei ole egon rumuutta, ette voi olla pitämättä hänestä.

Lapsi viehättää kaikkia. Jopa kovasydämiselläkin ihmisellä - ellei hän satu olemaan hirviö - on tunteita lasta kohtaan. Tämä viehätysvoima johtuu lapsen viattomuudesta. Päästessänne vapaiksi egon kuristuksesta teistä itsestänne tulee viattoman ja leikkivän lapsen kaltaisia.

Useimmat ihmiset elävät toinen jalka menneisyydessä, jota ei enää ole ja toinen jalka tulevaisuudessa, joka ei ole todellinen. Tulevaisuus on epätodellinen uni, joka on vielä tulematta. Ettekä voi edes olla varmoja sen tulostakaan kohdallenne. Tulevaisuus on epävarmaa, ja se saattaa toteutua tai jäädä toteutumatta. Kuitenkin kaikkein älykkäimmätkin ihmiset lakkaamatta murehtivat ja unelmoivat tulevaisuudes-taan, tai surevat ja itkevät muistellessaan menneisyyden kuolleita haamuja. Sekä menneisyyden että tulevaisuuden tulisi kadota. Vain silloin te kykenette elämään tässä hetkessä, ja vain tässä hetkessä voitte kokea todellisuuden. Mennyt ja tuleva ovat epätodellisia.

Aivan kuin lapsi elää täysin tässä hetkessä, antakaa tekin rakastaessanne koko olemuksenne olla läsnä tuossa rakkau-dessa, ilman minkäänlaista jaottelua tai varautuneisuutta. Älkää tehkö mitään osittain, toimikaa täydellisesti olemalla täysin läsnä tässä hetkessä. Älkää hautoko mennyttä mielessänne älkääkä takertuko siihen. Unohtakaa mennyt ja lopettakaa unelmointi tulevasta. Ilmaiskaa itseänne olemalla täysin nykyhetkessä, juuri tässä ja nyt. Ei minkään, ei menneisyyden katumusten eikä tulevaisuuden huolten pitäisi sekoittaa sisäistä virtausta. Hellittäkää ja antakaa koko olemisenne virrata vapaasti. Juuri näin lapsi toimii.

Lapsi ei ole kiintynyt menneeseen eikä hän myöskään murehdi tulevaa. Kun lapsi sanoo: 'Äiti, pidän sinusta niin paljon', hän todellakin tarkoittaa sitä. Hän ilmaisee itseään koko olemuksellaan, suudelmillaan, katseillaan ja rakkauden osoituksillaan. Hän ei muistele eilen kokemaansa torumista tai kuritusta, eikä hän kärsi, vaikka ei saanut haluamaansa lelua. Hän ei myöskään murehdi huomisesta. Hän ei takerru mihinkään. Lapsi yksinkertaisesti rakastaa ja unohtaa. Hän ei koskaan tee mitään puolinaisesti. Mitä hän tekeekin hän on aina kokonaan läsnä. Ego saa aikaan sen, että kun teemme jotakin, olemme vain osittain läsnä.

Lapsen tekemisillä ei ole yhteyttä muistoihin. Hän kokee nykyhetken ja ilmaisee rakkauden ja vihan tunteensa peittelemättä. Mutta hän unohtaa ne pian ja jatkaa seuraavaan hetkeen. Lapsen ilmaisut, joko viha tai rakkaus, eivät johdu takertumisesta. Siksi lapsen vihassakin on tiettyä kauneutta. Se on aidon luonnollista ja spontaania, ja kaikki spontaanisti ilmaistu, ilman egon väliintuloa, on kaunista ja omalla tavallaan viehättävää. Mutta teidän on oltava viattomia ollaksenne niin spontaaneja. Siksi *mahatman* vihastuminen on kaunista, koska *mahatma* on täydellisen puhdas ja viaton. Hänen ilmaisunsa ovat spontaaneja, suorasukaisia ja täysin luonnollisia. Hän ei toimi menneisyydestä käsin. Hän vain on, juuri tässä, tässä hetkessä.

Aikuisten vihastuminen on rumaa. Kukaan ei pidä vihaisesta henkilöstä. Mutta lapsen vihastuminen on erilaista. Kun lapsi on vihainen, isä, äiti tai joku muu nostaa lapsen käsivarsilleen ja halaa häntä. He suutelevat lasta ja tekevät kaikkensa saadakseen hänet rauhoittumaan. Kun aikuisen vihastuminen on vastenmielistä ja nostattaa vihan tunteita muissa, lapsen vihastuminen herättää rakkautemme ja myötätuntomme. Egon läsnäolo aikuisessa ja sen poissaolo lapsessa saa aikaan tämän eron. Koska teillä on ego, te kykenette vain takertumaan. Ego sitoo teidät menneeseen, ja niin kauan kuin ego sitoo teidät menneeseen ette kykene ilmaisemaan mitään täydesti. Kaikki sananne ja liikkeenne ovat egon tahrimia. Mennyt hiipii eteenne ja rakentaa esteen teidän ja sen välille, mitä sanotte tai teette. Halutessanne ilmaista jotain se suodattuu ensiksi menneisyyden esteen läpi, joten lapsi teissä, eli sisäinen viattomuutenne on täysin estynyt pääsemästä esiin. Lapsella ei ole egoa, ei menneisyyttä eikä tulevaisuutta. Lapsella ei ole sidoksia ja sen vuoksi hän kykenee ilmaisemaan itseään luonnollisesti ilman ennakkoluuloja tai ennakko-käsityksiä.

Todellinen kasvu ja kypsyys

Aikuiset uskovat olevansa kypsiä ja että lapsenkaltaisuu-dessa on jotain hävettävää. Mutta se mikä on todella kasvanut, on ego. Keho, äly ja ego ovat voineet kasvaa, mutta sydämen sellaiset tärkeät ominaisuudet kuten rakkaus ja myötätunto, ovat katoamassa. Ihmiset kuvittelevat olevansa kypsiä aikuisia, mutta ovatko he todella aikuisia ja kypsiä? Keho on kehittynyt lapsen kehosta aikuisen kehoksi, mutta sisäinen persoonallisuus on yhä kehittymättä.

Jos pidätte jatkuvasti kiinni menneisyydestä, sitä ei voida kutsua kypsyydeksi. Tietenkin voitte löytää ihmisiä, joilla on ns. kypsä ego, mutta heidänkään joukosta ette löydä yhtään todella kehittynyttä ihmistä. Ihminen, jolla on kypsä ego saattaa käyttäytyä hyveellisesti ja hienostu-neesti, mutta hän toimii ja puhuu edelleenkin menneisyytensä pohjalta. Hän on tehnyt useita virheitä menneisyy-dessä. Hän on oppinut paljon kaikista noista kokemuksis-taan, ja jos hän nyt sanoo tai tekee jotakin, hän on varovainen, ettei toistaisi samoja virheitä tai sanoisi jotain typerää, koska hän tietää kokemuksesta, että siitä saattaa koitua ongelmia. Niinpä hän valitsee sanansa huolella ja toimii harkiten. Tämä osoittaa, että menneisyys toimii hänessä edelleenkin, hienon hienolla, jalostuneella ja voimakkaalla tavalla. Saatamme kutsua tätä kypsyydeksi – älylliseksi kypsyydeksi tai egon kypsyydeksi – mutta se ei ole todellista kypsyyttä.

Todellinen, aito kypsyys kehittyy, kun pudotatte egonne ja lakkaatte elämästä menneisyydessä. Kun sisäinen Itse pääsee ilmenemään ilman egon tahraa tai väliintuloa, spontaani ja aito kypsyys tulee päivänvaloon."

Kysymys: "Tarkoittaako Amma, että ne ihmiset, joita pidetään aikuisina ja kypsinä, eivät ole sitä lainkaan?"

Äiti: "Lapset, joltakin kannalta tuo kypsyys on todellista, mutta se on suhteellista. Amma kokee, että kaikkea tulisi arvioida kahdelta tasolta, maalliselta ja henkiseltä tasolta, henkilökohtaisesta näkökulmasta ja korkeammasta, universaa-lista näkökulmasta. Se mikä näyttää todelta maailman tasolla, ei ehkä olekaan sitä henkisellä tasolla. Sellainen kasvu ja kypsyys, jota ihmiset yleensä pitävät todellisena, ei ole välttämättä sitä tietoisuuden korkeammalla tasolla. Tämä ei tarkoita sitä, että maallinen kehitys on hyödytöntä tai toisarvoista. Asia on niin, että tavalliset ihmiset olettavat vain todistettujen faktojen olevan todellisia ja päteviä. Mutta se mitä emme tunne, on lopullinen totuus ja todellisuus. Se voidaan oppia tuntemaan vain uskon ja jatkuvien henkisten harjoitusten avulla sekä peräänantamattoman lujalla päättäväisyydellä. Tuosta kaikkein korkeimmasta näkökulmasta katsottuna tämä maailma ja se mitä tässä maailmassa tapahtuu, on vain suhteellista. Otetaan esimerkiksi jonkun henkilön kuolema. Hänen perhettään ajatellen se on varmasti suuri menetys, joka tuottaa heille surua. Mutta toisesta näkökulmasta nähtynä tiedämme, että satojatuhansia ihmisiä kuolee joka päivä. Sadattuhannet vaimot menettävät aviomiehensä, äidit lapsensa ja lapset menettävät isänsä ja äitinsä. Kaikki kohtaavat kuoleman - sitä ei voida välttää, se on väistämätöntä. Maailmankaikkeuden tasolta yhden henkilön kuolema on vain suhteellisen todellista. Se on suuri menetys ja hyvin surullinen tapahtuma yksittäiselle perheelle, mutta se ei ole sitä korkeammalla, universaalisella tasolla.

Samoin on kasvun ja kypsyyden laita. Niitä tulisi arvioida molemmilta tasoilta käsin. Yksilön näkökulmasta katsottuna - jotta hän pystyisi toimimaan tässä maailmassa - kehon ja älyn kehittyminen on välttämätöntä. Mutta maailmankaikkeu-den näkökulmasta katsottuna todellinen kasvu tapahtuu vain oivaltaessanne, että olette *purnam* (kokonaisuus). Silloin ette ole enää erillinen, ette ole vain osa. Ulkoisella kasvulla, kehon, mielen ja älyn kasvulla, on tottakai oma tarkoituksensa. Kuitenkin kehittyessänne vain ulkoisesti, ette kasva kokonaisvaltaisesti. Niin kauan kuin sisäisen Itsen ehtymättömät voimavarat jäävät hyödyntämättä, teidän kasvunne on ainoastaan suhteellista. Korkeimman todellisuuden tasolta katsoen vasta itse oivallusta voidaan kutsua todelliseksi kasvuksi.

Yksilön kasvun kannalta egon kypsyys on välttämätöntä Se hyödyttää yhteiskuntaa tiettyyn pisteeseen. Mutta todellinen sisäinen kasvu ja kypsyys tapahtuvat vain, kun ego voitetaan ja kun persoonallisuus kasvaa kokonaisuutena. Todellisen, täydellisen kasvun edellytys on sisäisen Itsen avautuminen. Vain siinä tapauksessa elämännäkemyksenne voi muuttua.

Nöyryys on paras maaperä Itsen avautumiselle. Kehittykää älyllisesti, mutta pysykää aina nöyrinä, silloin älynne ja kypsyytenne pääsevät kukoistamaan.

Aito nöyryys on kumartamista, ei vain kehollanne, vaan koko olemuksellanne. Teidän tulisi tuntea koko olemuksel-lanne, että ette ole mitään, ei vain mestarinne tai muutamien valittujen sielujen edessä, vaan koko luomakunnan edessä. Nähkää mestarin korkeimman tietoisuuden loiste kaikessa ja kaikkialla.

Kasvakaa, mutta älkää antako viattomuutenne tuhoutua ja pysykää nöyrinä kaikissa tilanteissa. Fyysinen kasvufnne ei saisi vahingoittaa sisäistä lasta. Antakaa älynne kehittyä terävämmäksi ja mielenne saavuttaa enemmän selkeyttä ja voimaa, mutta taitojenne ja tietojenne kehityksen myötä myös sydämen tunteiden tulisi antaa kasvaa. Sellainen kasvu on täydellistä kasvua oikeassa suhteessa. Se auttaa teitä asennoitumaan elämään terveesti ja älykkäästi kaikissa mahdollisissa tilanteissa. Se on elämän todellinen perusta, joka mahdollistaa rakkaudellisen ja älykkään kanssakäymisen koko luomakunnan kanssa."

Äidin lopetettua eräs oppilaista alkoi laulaa laulua *Maha Kali Dharini*, jonka hän oli itse säveltänyt...

Maha Kali Jagado Dharini

Oi Mahakali
Sinä ylläpidät koko maailmankaikkeutta
ja Sinä tuhoat sen.
Oi lohdun antaja
Sinä, joka vangitset mieleni,
herää, minä pyydän
ja suo katseesi tälle sielulle.

Oi vapautuksen kantaja
pääkallokääty kaulallasi,
suosionosoitusten antaja
kolmen maailman suojelija,
pahan tuhoaja
Oi Kali!
Sinä, joka vangitset mieleni,
herää, minä pyydän
ja suo katseesi tälle sielulle.

Brahma, Vishnu ja Narada
palvovat Sinua ikuisesti
Shankara pysyy ikuisesti Sinun jalkojesi juuressa
Sinä olet ikuisesti voittoisa
ja vasanoiden ulottumattomissa
Sinä, joka vangitset mieleni,
herää, minä pyydän
ja suo katseesi tälle sielulle.

Illalla kello puoli kuusi Äiti kutsui ashramin asukkaat merenrantaan. Kaikkien saavuttua Äiti oli vaipunut syvään *samadhiin*. Bri. Gayatri istui muutaman metrin päässä hänestä. Asukkaat istuivat hiljaa Äidin ympärillä. Pian kaikki meditoivat, monet heistä silmät auki katse Äitiin kiinnitettynä. Tummansininen valtameri kuohui valtavina aaltoina aivan kuin syleilläkseen Äitiä ja toivottaakseen hänet tervetulleeksi. Aallot näyttivät tanssivan autuaina nähdessään Äidin istuvan rannalla niin lähellä niitä. Tuntia myöhemmin Äiti nousi ylös ja käveli hitaasti rantaa pitkin. Oli tulossa pimeää ja mereltä puhalsi voimakas tuuli. Äidin valkoinen sari ja hänen kiharat, mustat hiuksensa tanssivat tuulessa. Näytti siltä kuin aallot olisivat kilpailleet toistensa kanssa ulottuakseen koskettamaan Äidin pyhiä jalkoja ja heittäytyäkseen noille jaloille. Äidin kävellessä hitain askelin meren rantaviivaa pitkin, muutamat aallot olivat onnekkaita saadessaan suudella ja syleillä hänen jalkojaan. Sitten ne vetäytyivät rauhallisesti takaisin ja sulautuivat mereen. Toiset aallot lauloivat äänekkäästi pyhää sointua, "Aum", ja rysähtivät rantaa vasten aivan kuin nekin olisivat halunneet syleillä Äidin pyhiä jalkoja.

Äiti lauloi laulua *Omkara Mengum* vaipuneena syvään henkiseen mielentilaan ja jatkoi kävelyä rantaa pitkin lastensa seuraamana.

Omkara Mengum

Sointu 'Om' kajahtaa kaikkialla
kaikuen jokaisessa atomissa.
Rauhaisalla mielellä
laulakaamme, 'Om Shakti.'

Surun kyyneleet virtaavat yli äyräittensä,
Äiti, minun ainoa auttajani,
siunaa minua ihanilla käsilläsi,
olen luopunut kaikista maailman iloista,
sillä ne tuovat surua ja ovat siten arvottomia.

Kuoleman kauhu on kaikonnut
fyysisen kauneuden polte on kadonnut.
Minun on lakkaamatta muistettava Sinun muotosi, joka loistaa
Shivan valoa.

Kun minut täyttää sisäinen valo,
joka virtaa vuolaana ja loistaa edessäni
ja olen juopunut antaumuksesta,
silloin sulaudun Sinun muotosi kauneuteen.

Sinun muotoasi kaipaan nähdä eniten,
kaikki olemassa oleva suloisuus on kiteytynyt
ja tullut täksi vertaansa vailla olevaksi kauneudeksi.
Oi, minun kyyneleeni virtaavat nyt vuolaina...

Laulun päätyttyä Äiti pysähtyi ja tarkkaili läntistä taivaanrantaa muutaman hetken ennen kuin kääntyi ympäri ja käveli takaisin ashramia kohti toisten seuraamana.

ॐ

4. luku

"Kyllä, minä olen Kali"

Vielä joitakin ihmisiä ja sitten *darshan* päättyisi. Äiti lopetti *darshanin* ja pian hän oli ruokalassa, missä hän itse jakoi ruokaa kaikille oppilailleen. Rakastavan ja hellän äidin tavoin hän odotti, kunnes jokainen oli saanut ruokaa, ennen kuin lähti ruokalasta. Juuri kun Äiti oli lähdössä, hän äkkiä kääntyi ja lähestyi erästä vierailijaa. Hän otti riisipallon, jota vierailija oli pitänyt lautasensa reunalla, ja söi sen sanomatta sanaakaan. Kuin salaman iskemänä mies tuijotti Äidin kasvoja. Kyyneleet pulppusivat hänen silmistään ja virtasivat pitkin poskia. Pian hän nyyhkytti hillittömästi ja hänen kuultiin huudahtavan, 'Kali! Kali!' samalla kun hän vaipui Äidin jalkojen juureen. Silitettyään miehen päätä loistava, myötätuntoinen hymy kasvoillaan, Äiti viipyi muutamia minuutteja ruokalassa palaten sitten takaisin huoneeseensa. Myöhemmin tämä oppilas, joka oli kotoisin Bengalista, selitti Äidin oudolta näyttäneen käyttäytymisen arvoitusta ja omaa tunnereaktio-taan. Mies oli ollut Cochinissa edellisenä päivänä, jolloin hänen ystävänsä kertoi hänelle Äidistä. Kalin hartaana palvojana hän tunsi voimakasta vetovoimaa Äitiin. Hänen ystävällään oli jotakin kiireellistä työtä, joten hän tuli yksin ashramiin tapaamaan Äitiä ensimmäistä kertaa. Hän meni Äidin luokse majaan ja sai häneltä *darshanin*. Istuessaan myöhemmin ruokasalissa edessään ruokalautanen, jonka Äiti oli juuri antanut, hän teki riisistä pallon ja pani sen lautasensa reunalle. Hän ajatteli: "Jos Äiti on rakastamani Kali, jota olen kauan palvonut, hän tulee ja syö tämän riisin." Ja niin tapahtuikin. Ensin hän näki Äidin kuitenkin kävelevän ulos ruokasalista ja hän tunsi valtavaa pettymystä. Mutta hetkeä myöhemmin Äiti seisoi hänen edessään ja ennen kuin hän käsitti, mitä tapahtui, Äiti otti riisipallon, jonka hän oli pitänyt sivussa Kalia varten, ja söi sen. Mies kertoi: "Nähdessäni Äidin syövän riisipallon, hän viestitti selvästi minulle: 'Kyllä, minä olen Kali.'" Tämän tapahtuman jälkeen mies oli jumalallisesti päihtyneessä mielentilassa seuraavaan aamuun asti, jolloin hän lähti Kalkuttaan.

Sisäinen Itse on epäitsekäs

Illalla saapui ryhmä Äidin perheellisiä seuraajia *darshaniin*. Äiti istui heidän kanssaan vanhan temppelin takana.

Aina kun Äiti on lastensa ympäröimänä, hän haluaa selvittää kaikki heidän mielessään mahdollisesti syntyneet kysymykset. Oppilaiden ja *brahmacharien* ollessa Äidin ympärillä heidän sammumaton todellisen tiedon janonsa herättää heissä spontaaneja kysymyksiä. Tällä kerralla kysymyksen esitti nainen, yliopiston professori, joka oli hyvin kauan ollut Äidin harras seuraaja.

Kysymys: "Amma, epäitsekästä rakkautta ja epäitsekästä toimintaa pidetään tienä Jumalan luo. Mutta kuinka meidän on mahdollista rakastaa ja toimia epäitsekkäästi, kun olemme tuomitsevia ja ennakkoluuloisia? Epäitsekkyys kuulostaa enemmänkin päämäärältä kuin joltakin harjoitettavalta asialta. Amma, valaisisitko asiaa hieman?"

Äiti: "Epäitsekäs toiminta on epäitsekkään rakkauden ulkoinen ilmaisu. Kun sydän on täynnä rakkautta, se ilmaisee itsensä epäitsekkäänä toimintana. Edellinen on syvä sisäinen tunne ja jälkimmäinen sen ulkoinen ilmaisu. Emme kykene tekemään epäitsekkäitä tekoja, ellemme tunne syvää, varauksetonta rakkautta.

Alkuvaiheessa teot, joita teemme epäitsekkyyden nimissä, eivät ole epäitsekkäitä, koska rakkaus jota tunnemme itseämme kohtaan, on läsnä kaikessa mitä teemme ja sanomme. Tosiasiassa itserakkautemme on alkuvaiheessa jokaisen toimintamme liikkeellepaneva voima, vaikka saatammekin kutsua sitä epäitsekkyydeksi. Rakkaus egoa kohtaan, tai omaa itseä kohtaan, on tunne, joka on hallitsevana jokaisessa ihmisessä. Jollei tämä tunne kuole, todellinen epäitsekkyys ei voi päästä esiin. On välttämätöntä olla valpas, jotta egon väliintulo voidaan estää. On paljon helpompaa olla rakastunut egoon kuin olla aidosti epäitsekkyyden ihanteen innoittama. Epäitsekkyys, josta puhumme, on todellisuudessa suurimmaksi osaksi itsekkyyttä, koska kaikki tekomme ovat lähtöisin egosta. Ego, ei sisäinen Itse, on niin sanotun rakkautemme ja tekojemme alkulähde. Mikään ei voi olla epäitsekästä, jollei se pulppua suoraan sydämestä, todellisesta Itsestä. Siksi suuret pyhimykset ja viisaat ovat sanoneet, että meidän tulisi tuntea todellinen Itse, ennen kuin voimme rakastaa ja palvella toisia epäitsekkäästi. Muuten, kuka tietää? Käytännössä saattaakin olla niin, että olette rakastuneita omaan egoonne, ettekä mihinkään muuhun.

Epäitsekkyys on lopullinen tila, joka teidän tulisi saavuttaa. Henkilö ei voi olla sataprosenttisesti epäitsekäs, jollei hän vapaudu ennakkoluuloistaan ja tuomitsevasta asenteestaan. Te voitte kuitenkin pitää epäitsekkyyttä päämääränä ja ihanteena ja sitten yrittää saavuttaa sen mestarien suosittelemilla menetelmillä.

On olemassa tarina mangopuita istuttaneesta vanhasta miehestä. Kun naapuri havaitsi, mitä oli tekeillä, kiiruhti hän paikalle ja sanoi: 'Luuletko eläväsi tarpeeksi kauan saadaksesi syödä mangoja tuosta puusta?'

'Epäilen sitä', oli vanhan miehen vastaus.

'Niin ollen, miksi haaskaat aikaasi?', kysyi naapuri.

Vanha mies hymyili ja sanoi: 'Koko elämäni olen nauttinut toisten kasvattamista mangoista. Tämä on minun tapani ilmaista kiitollisuuttani ihmisille, jotka ovat istuttaneet nuo puut.'

Epäitsekkyys voi olla kaikkien tekojenne taustavoima. Opetelkaa olemaan kiitollisia kaikille, koko luomakunnalle, jopa vihollisillenne ja niille, jotka loukkaavat teitä ja vihastuvat teihin, sillä he kaikki auttavat teitä kasvamaan. He ovat peilejä, teidän oman mielenne heijastamia mielikuvia. Jos tiedätte kuinka lukea ja tulkita mielen heijastumia oikein, teillä on mahdollisuus vapautua mielestä ja sen heikkouksista.

43

Jos valitsette päämääräksenne rakkauden ja epäitsekkyyden, teidän on oltava tarkkaavaisia. Tarkkailkaa mieltänne jatkuvasti, koska mieli ei salli teidän tekevän mitään epäitsekkäästi. Mieli ei halua teidän olevan epäitsekkäitä. Koska mieli on itsekäs, sen yksi ja ainoa päämäärä on pakottaa teidät pysymään itsekkyyden polulla. Niin kauan kun mieli johdattelee teitä voitte olla vain itsekkäitä. Teidän on vapauduttava mielestä, voidaksenne olla epäitsekkäitä."

Tarkkailkaa mieltä

Kysymys: "Kuinka sitten voidaan vapautua mielestä?"
Äiti: "Olemalla tarkkaavaisia ja alati valppaita.
Eräällä miehellä oli tapana tulla ashramiin. Hän arvosteli jokaista ja valitti heistä lakkaamatta, hänellä ei ollut koskaan hyvää sanottavaa kenestäkään. Lopulta Amman oli sanottava hänelle: "Poikani, sinun ei pitäisi parjata ihmisiä tuolla tavalla. Jokaisella on omat heikkoutensa, mutta heillä on myös hyviä ominaisuuksia. Kaikkein parhaiten saat sanasi ja tekosi hyviksi, kun yrität nähdä hyvää jokaisessa." Tämän jälkeen hän vaikeni. Mutta eräänä päivänä Amman jutellessa hänen kanssaan hän sanoi: 'Amma, tiedätkö mitä? Herra D. kertoi, että herra S. on hyvin itsekäs ja epäystävällinen mies.'

Tavalla tai toisella mieli jatkaa temppuiluaan. Kun Amma kertoi tälle miehelle, että hänen ei tulisi arvostella toisia, hän ei voinut sanoa ei Ammalle, koska hän kunnioitti Ammaa niin suuresti. Niinpä hän oli ulkonaisesti samaa mieltä. Mutta syvällä sisimmässään hän vastusteli. Hänen mielensä ei vain voinut hyväksyä sitä tosiasiaa, että hänen pitäisi muuttua. Tämä taipumus oli juurtunut häneen niin syvälle. Pankaa merkille, että mieli on hyvin ovela ja petollinen kapine. Hänen mielensä ei halunnut hyväksyä Amman neuvoa, mutta samanaikaisesti se halusi esittää jotain muuta vain tehdäkseen vaikutuksen muihin. Pienin muunnoksin mieli jatkoi ikävää leikkiään: 'Tuo mies sanoo, että toinen mies ei ole hyvä.' Huomatkaa kuinka mieli toimii!

Joten olkaa tarkkaavaisia. Älkää antako mielen petkuttaa teitä. Se on leikkinyt leikkejään iät ja ajat, elämä elämän jälkeen tehden teistä typeryksiä. Aluksi teidän tulee ymmärtää, että mieli on petkuttaja, ovela valehtelija, joka estää teitä olemasta tietoisia omasta luonnostanne, sielusta. Jatkuva tarkkaileminen estää tuota valehtelijaa valehtelemasta. Vaikka mieli yrittää hiipiä varpaillaan takaoven kautta, teidän on oltava niin tarkkaavaisia, että olette siitä välittömästi tietoisia. Mitään ei tule tapahtua tietämättänne, ei edes yksittäinen ajatus eikä henkäyskään saisi livahtaa teidän tietämättänne. Olkaa valppaita, pitäkää mieltänne tarkasti silmällä, silloin se häviää yhdessä menneisyyden petollisten ansojen myötä.

Epäitsekkyys on spontaania

Epäitsekkyys on täydellisen spontaani tila, ja se ilmenee silloin kun olette pysyvästi Itsessä.

Suuressa eepoksessa, *Srimad Bhagavatamissa*, on kertomus Pyhästä Samikasta. Tästä kertomuksesta saatte kuvan siitä kuinka spontaania, ennalta suunnittelematonta, epäitsekkyys voi olla. Kuningas Parikshit, Arjunan pojanpoika, lähti kerran metsästysretkelle. Retki oli pitkä ja rasittava, ja kuninkaan tuli lopulta jano. Hän lähti etsimään, mistä voisi saada juotavaa. Lopulta hän päätyi Pyhän Samikan erakkomajalle. Janoinen ja väsynyt kuningas astui erakkomajaan ja pyysi äänekkäästi vettä. Mutta pyhimys oli syvässä *samadhissa*, ympäristöstään täysin tietämätön. Kun Samika ei vastannut kuninkaan lukuisiin pyyntöihin saada vettä, kuningas hurjistui. Hän tunsi itsensä syvästi loukatuksi, ja kadottaen arvostelu-kykynsä hän nosti maasta jousensa kärjellä kuolleen käärmeen ja kietaisi sen Samikan kaulan ympärille. Sitten kuningas lähti. Paikalla oli kuitenkin muutamia Samikan kahdeksanvuotiaan pojan, Sringin, ystäviä, ja he näkivät mitä kuningas teki. He ilmoittivat asiasta Sringille, joka oli läheisellä kentällä leikkimässä. Kun pojalle kerrottiin tapahtuneesta, hän tulistui ja langetti kirouksen: 'Olkoon tuo henkilö kuka tahansa, häntä on pistävä kauhistuttava käärme,

Takshaka, koska hän uskalsi tehdä niin katalan teon viattomalle ja hurskaalle isälleni. Tästä päivästä seitsemän päivän kuluttua hän on kohtaava kuolemansa.' Pankaa merkille, että poika oli vasta kahdeksanvuotias langettaessaan tuon kirouksen. Se osoittaa, kuinka valtava tahdonvoima siihen aikaan oli niillä lapsilla, jotka kasvatettiin entisaikojen *gurukulissa*. Tuo voima oli *dharman* voimaa.

Kun pyhimys palasi *samadhista*, hän järkyttyi saadessaan kuulla kuninkaalle langetetusta kirouksesta. Hän meni välittömästi polvilleen ja rukoili: 'Oi Jumalani! Minun pieni poikani on tietämättömyydessään tehnyt anteeksiantamat-toman virheen kiroamalla suuren ja oikeudenmukaisen hallitsijan. Ole ystävällinen ja kumoa kirous ja pelasta kuningas kuolemalta.' Hän kutsui pojan luokseen ja lähetti hänet kuninkaan palatsiin ilmoittamaan kirouksesta ja pyytämään kuningasta tekemään välttämättömät toimenpiteet, jottei kirous toteutuisi.

Kirous ei kuitenkaan ollut peruttavissa. Mutta kuningas Parikshit vain hyötyi kirouksesta, koska se antoi hänelle mahdollisuuden kohdata suuren pyhimyksen Sukan, joka kertoi hänelle *Bhagavatamin* tarinoita. Täten kuningas Parikshit saavutti *mokshan* (vapautuksen).

Kertomus osoittaa kuinka epäitsekäs ja anteeksiantava Samika oli. Häntä ei vaivannut lainkaan kuninkaan arvostelukyvyttömyys. Hän ei lainkaan kokenut tulleensa loukatuksi tai halvennetuksi. Kuullessaan kuninkaan kietoneen kuolleen käärmeen hänen kaulaansa, pyhimys sanoi pojalleen: 'Sinä kirosit kuninkaan tuntematta totuutta. Kuningas oli janoinen ja väsynyt. Epätoivoissaan hän ei kyennyt ajattelemaan muuta kuin vettä ja kun hän ei saanut sitä, hän kadotti itsehillintänsä ja kietoi käärmeen kaulani ympärille. Mutta hän on ennen kaikkea hallitsija. Vaikka asumme kaukana, syrjäisessä metsässä, olemme kuitenkin hänen alamaisiaan. Hän suojelee meitä, olkaamme hänelle kiitollisia siitä, että saamme elää turvallisesti ja rauhassa. Kuningas on myös Jumalalle antautunut. Hänet kiroamalla sinä menetät Jumalan armon.'

Niin kaunis ja spontaani anteeksianto voi tulla vain epäitsekkään sielun sydämestä. Ollessanne vakiintuneita Itseen teillä ei ole egoa ja epäitsekkyys on silloin spontaania." Äiti vaipui yhtäkkiä *bhava-samadhiin*. Hänen kasvoillaan sädehti loistava hymy. Hän istui pitäen oikeaa kättään *mudrassa*, pyhässä kädenasennossa: etusormi ja pikkusormi suorina ja muut kolme sormea yhdessä taivutettuina. Hänen jumalallisen hurmaavasta mielialastaan innostuen *brahmacharit* alkoivat laulaa

Kurirul polea

Kuka voisikaan olla tuo
niin kauheassa hahmossaan
tumma kuin pimein yö?

Kuka onkaan tuo
villi tanssija
vereen tahritulla taistelukentälläkuin sinisten kukkien kimppu
pyörähdellen karmiininpunaisessa järvessä?

Kuka onkaan tuo kolmisilmäinen
leimahdellen kuin tulipallo

Kuka on tuo
paksut, mustat kiharat virraten
vapaina kuin mustat sadepilvet?

Miksi kolme maailmaa vapisee
Hänen tanssivien askeltensa
iskeytyessä maahan?

Oi, tuo häikäisevä neito
on Shivan rakastettu
kolmikärkisauvan kantaja!

47

Laulun jälkeen Äiti palasi tavalliseen tilaansa. Yliopiston professori oli tiedonhaluinen ja halusi tietää enemmän epäitsekkyydestä. Hän pyysi Äitiä selittämään sitä tarkemmin.

Äiti: "Ennen kuin saavutatte oivalluksen on kaikki mitä teette epäitsekkään toiminnan nimissä vääjäämättömästi itsekkyyden tahrimaa, koska kaikki suodattuu mielenne kautta. Vain sellainen toiminta, joka tulee suoraan Itsestä ja sydämestä voi olla epäitsekästä. Mutta älkää olko huolissanne. Jos olette päättäväisiä ja teillä on oikea asenne, teistä tulee lopulta epäitsekkäitä. Jatkakaa toimimista maailmassa epäitsekkäästi asennoituen. Aluksi teidän on tietoisesti yritettävä pysyä aikomassanne tavoitteessa. Tietoinen pyrkimyksenne muuttuu aikaa myöten tiedostamattomaksi ja tämä vie teidät täydellisen epäitsekkyy-den tilaan. Epäitsekkyytenne on silloin spontaania, ennalta suunnittelematonta. Mutta nykyisellään teidän on oltava jatkuvasti varuillanne. Silloin kun mieli astuu esiin, teidän tulee olla siitä tietoisia. Tunnistakaa mieli ja sen luonne. Se on este, pahin vihollinen polullanne. Tiedostakaa, että se on valehtelija. Olkaa välinpitämättömiä mielen melun ja sen jatkuvan puheen vuodatuksen suhteen.

Lääketieteen opiskelija ei ole lääkäri. Hyväksi lääkäriksi valmistuminen on vuosien keskittyneen opiskelun ja valmistautumisen tulos. Mutta lääkäriharjoittelijaakin saatamme jo kutsua lääkäriksi, vaikka hän ei ole vielä saanut oppiarvoa. Miksi? Koska se on tavoite, jonka hän saavuttaa opiskelun päätyttyä. Kaikki mitä hän tekee, on valmistautu-mista tuohon tavoitteeseen. Hänen tavoitteensa on tulla lääkäriksi. Hän muistaa sen jatkuvasti ja siksi hän tekee kaikkensa saavuttaakseen tuon lopullisen tavoitteensa. Hän pidättyy kaikista toimista ja tilanteista, jotka saattaisivat tuoda esteitä hänen tielleen. Meidän lopullinen päämäärämme taas on epäitsekkyys, vaikka emme ole sitä vielä saavuttaneet. Me teemme velvollisuutemme päästäksemme päämääräämme. Vaikka toimintamme nykyisellään ei ole epäitsekästä, me pidämme sitä epäitsekkäänä, kuten saatamme kutsua lääketieteen opiskelijaa lääkäriksi. Mutta tämä on yhä harjoittelukauttamme ja meillä on pitkä matka kuljettavana ennen kuin pääsemme perille. Meidän tulisi täysin suuntautua päämääräämme. Meidän pitäisi välttää kaikkia turhia ajatuksia ja aina kun toimimme, meidän tulisi yrittää olla kiintymättä tekoihimme ja niiden hedelmiin. Toiminta tapahtuu nyt, tässä hetkessä. Tämä hetki on läsnä, ja tulevaisuus on hedelmä. Eläkää nykyhetkessä. Opetelkaa toimimaan kiintymättä mihinkään ja jättäkää mielestänne tulevaisuuden hedelmät. Tämä asenne puhdistaa mielestänne kaiken kielteisyyden ja epäpuhtaudet ja kohottaa teidät hitaasti epäitsekkään rakkauden ja antaumuksen tilaan. Se vie teidät lopulta vielä senkin tuolle puolen, korkeimman tiedon perimmäiseen tilaan.

Saatatte kysyä: 'Onko meille ihmisille rakkauden ja epäitsekkyyden tilan saavuttaminen mahdollista?' Lapset, totuus on, että ainoastaan ihmisellä on kyky saavuttaa lopullinen tila. Se on kuitenkin riippuvainen ajattelustamme ja toiminnastamme. Tämä maailma kuuluu meille. Valinta on meidän, teemme siitä joko taivaan tai helvetin. Luonnossa kaikki säilyy entisellään. Ainoastaan ihmisellä on valta valita, ja jos hän valitsee väärän tien, hänen käy huonosti. Hän voi valmistaa itselleen myrkyllisillä piikeillä varustetun tai jumalallisilta kukilta tuoksuvan vuoteen. Valitettavasti kaikkialla maailmassa voi nähdä ihmiskunnan valmistelevan kiireisesti omaa kuolinvuodettaan. Tietoisesti tai tiedostamat-taan ihmiset ajautuvat lähemmäksi kuolemaa, kauemmaksi todellisesta elämästä. Vaikka kuolemattomuus epäilemättä on mahdollista, niin sitä ei oteta huomioon.

Totuus on, että kuolema ei ole meille luonnollista. Kuolema on luonnollinen ainoastaan keholle, ei sielulle, joka on meidän todellinen olemuksemme. Elämä, elämän perusvoima on luonnollinen. Suru ei myöskään ole luonnollista, kun taas ilo on meille luonnollinen tila. Mutta ihminen näyttää olevan halukkaampi syleilemään kuolemaa ja surua. Hän on unohtanut, kuinka hymyillään. Ainoastaan silloin, kun turvaudutte sielun iloon, kykenette hymyilemään aidosti. Kuitenkin nykyisessä tilanteessa teissä on vain vähän onnellisuutta, sillä suru täyttää sydämenne ja se heijastuu jokaisessa sanassa, ajatuksessa ja teossa. Kuinka tämä lankeaminen kuolemattomuudesta sitten on tapahtunut? Lapset, epäily ja pelko ovat repineet meidät irti todellisesta ilosta ja kuolemattomuudesta. Kuitenkin tuo menetetty, unohdettu ilo voidaan saavuttaa uudestaan, jos me vain yritämme olla epäitsekkäitä. Kuolemattomuus, joka on meidän todellinen olotilamme, voidaan löytää jälleen epäitsekkään rakkauden ja epäitsekkään toiminnan avulla.

Emme tarvitse itsekkäälle käyttäytymiselle minkäänlaista erityistä koulutusta, sillä se sattuu olemaan ihmisen vallitseva ominaisuus. Kun taas koko luomakunta - linnut ja eläimet, vuoret, joet ja puut, aurinko, kuu ja tähdet - ovat epäitsekkään palvelun esikuvia. Vain ihminen on ainoa joka toimii äärimmäisen itsekkäästi ja ahneesti. Hän kieriskelee egossaan muuttaen koko elämänsä halpa-arvoiseksi kaupalliseksi keinotteluksi. Ihmiselämä ei ole enää puhdasta, siitä on tullut itsekästä kaupantekoa. Koko elämä, koko maailmankaikkeus on jumalallisen tietoisuuden leikkiä. Mutta ihminen on muuttanut sen egon peliksi.

Negatiivinen mieli

Jos ihminen haluaa olla itsekäs, häntä ei tarvitse opettaa, koska hän on jo itsekäs, paitsi ollessaan syvässä unessa. Jopa hänen unensa ovat itsekkäitä, sillä ne ovat hänen itsekkään mielensä heijastumia. Koska mieli on luonnostaan kielteinen, myös useimmat unet ovat kielteisiä. Unitila on menneisyyden heijastus. Jollei mennyt katoa, henkinen kehitys ei ole mahdollista.

Mahabharatassa on kaunis kertomus, jossa Karna kuvailee mielen kielteistä ja häilyvää luonnetta. Jokainen kunnioitti Karnaa hänen ystävällisyytensä ja suuren anteliaisuutensa vuoksi. Eräänä päivänä hän oli hieromassa öljyä hiuksiinsa valmistautuessaan kylpyyn. Juuri sillä hetkellä Krishna tuli paikalle ja pyysi lahjaksi hänen jalokivin koristellun öljymaljansa. Krishna koetteli Karnaa, sillä Karnalla oli maine, että hän antaisi aina mitä tahansa häneltä pyydettäisiin. Kun hänellä oli mahdollisuus antaa, hän toimi välittömästi. Krishnan nyt pyytäessä Karnalta jalokivimaljaa, Karna oli hämmästynyt. Hän sanoi: 'Oi Herrani, kuinka outoa, että sinä haluat niin vähäpätöisen esineen. Mutta kuka minä olen arvostelemaan? Tässä, ota se.' Ja koska Karnan käsi oli öljyinen, hän ojensi maljan Krishnalle vasemmalla kädellään. Mutta Krishna moitti häntä siitä. (Intiassa ei anneta koskaan mitään vasemmalla kädellä, koska sitä pidetään hyvien tapojen vastaisena.) 'Anna anteeksi, Herrani!' sanoi Karna. 'Kuten näet, minun oikea käteni on öljyinen. Ja pelkään, että jos pesen käteni, epäluotettava mieleni saattaisi muuttua, enkä enää haluaisikaan antaa maljaani Sinulle. Minun häilyvä mieleni riistäisi siten minulta Kaitselmuksen suoman hyvän onnen antaa Sinulle jotain. Siksi toimin viivyttelemättä. Anna minulle anteeksi.'

Lapset, tämä on erinomainen mielen kuvaus.

Amma ei tarkoita, että teidän tulisi luopua kaikesta toiminnasta tai lakata osoittamasta rakkautta siihen saakka kunnes saavutatte täydellisyyden tilan. Teidän vilpittömän pyrkimyksenne rakastaa ja toimia epäitsekkäästi tulee jatkua. Mutta Amma haluaa teidän olevan selvillä siitä, kuinka salakavala ego on. Jos te ette ole koko ajan valppaita ja tarkkaavaisia, se huijaa teitä pujahtamalla sisään takaoven kautta.

Lapset, te ette auta ketään ilman, että hyödytte siitä itse, ettekä voi vahingoittaa ketään vahingoittamatta itseänne. Kuulkaapa tämä tarina, jonka Amma kuuli jokin aika sitten.

Mies törmäsi ystäväänsä kadulla. Huomatessaan tämän murisevan itsekseen hän kysyi: 'Mitä on tapahtunut? Miksi olet niin tuohtunut?' Hänen ystävänsä vastasi: 'Olen tuohtunut tuolla risteyksessä olevan taksikuskin vuoksi. Aina kun kohtaan hänet, hän läimäyttää minua selkään, joten olen päättänyt näyttää hänelle, mitä mieltä olen!'

Ystävä varoitti: 'Vältä joutumasta vaikeuksiin.' Mutta valittaja oli peräänantamaton: 'Tämä on liikaa! Minun on annettava hänelle opetus!'

'Selvä', sanoi ystävä, 'millainen on suunnitelmasi?'

51

'Kuuntelehan', sanoi nurisija, 'tänään aion piilottaa dyna-miittipötkön takkini sisään. Sen jälkeen hänellä ei ole kättä millä läimäyttää minua.'"

Kaikki nauroivat Äidin päättäessä tarinan.

Äiti jatkoi: "Lapset, epäitsekäs asenne kohottaa meitä. Auttaessamme toisia autamme tosiasiassa itseämme. Kun taas toimiessamme itsekkäästi vahingoitamme itseämme. Opetelkaa siunaamaan kaikkea. Älkää koskaan kirotko ketään, sillä ihminen ei ole vain kimppu lihaa ja verta, tietoisuus toimii jokaisessa. Tuo tietoisuus ei ole erillinen, eristetty kokonaisuus, se on korkeimman kokonaisuuden osa. Mitä tahansa teemmekin, se heijastuu kokonaisuuteen, kaikkialliseen mieleen ja palaa teihin takaisin samalla voimalla. Aina kun teette hyvää tai pahaa, se heijastuu kaikkialliseen tietoisuu-teen. Joten opetelkaa olemaan epäitsekkäitä ja opetelkaa lähettämään siunausta kaikille. Rukoilkaa kaikkien puolesta, sillä kehittyäksemme tarvitsemme koko luomakunnan tuen ja siunauksen.

Kun rukoilemme toisten puolesta, koko maailmankaikkeus rukoilee puolestamme ja kun siunaamme toisia, koko maailman-kaikkeus siunaa meidät, sillä ihminen on yhtä kosmisen energian kanssa.

Miksi Krishna pyysi koko Vrajan väkeä palvomaan Govardha-na-vuorta?[6] Hän muutti tuon rukouspäivän suureksi juhlapäiväksi, vaikka hän ei tarvinnut kenenkään siunausta. Hän teki niin vain opettaakseen ihmiskunnalle kuinka saadaan luomakunnan hyväk-syminen ja löydetään mahdollisuus päästä sen suosioon."

Rakastettu Äitimme itse on esimerkki samanlaisesta toimin-nasta. Ennen kuin Äiti laittaa pienen patsaan paikoilleen *Brahmast-hanam*-temppelin siunaustilaisuudessa, hän ilmestyy temppelin jokaiselle neljälle ovelle vuorotellen ja yhteenliite-tyin käsin hän pyytää tilaisuuteen osallistuvien siunausta sanomalla: "Siunaaminen

---

[6] Pyhä vuori lähellä Krishnan syntymäpaikkaa. Srimad Bhagavatamissa kerrotaan, että hän nosti käsillään vuoren, piti sitä ylhäällä viikon ajan ja pyysi kyläläisiä etsimään sen alta suojaa voimakkaalta sateelta.

on juuri alkamassa. Lapset, kaikki rukouksenne ovat tarpeen." Kun Äiti, joka on Jumalan ääretön voima ihmishahmossa ja joka voi siunata koko luomakunnan yhdellä katseellaan, pyytää lastensa lupaa ja siunausta, on se ainutlaatuinen esimerkki nöyryydestä. Tämä on meille kaikille suurenmoinen opetus siitä, kuinka meidän tulisi pyytää siunausta kaikilta, jopa kaikkein vähäisimmiltä olennoilta.

ॐ

5. luku

Kodungallurissa pidetyn ohjelman jälkeen Äiti ja vakituiset asukkaat ajoivat ashramin pakettiautossa takaisin ashramiin. Seurueen päästyä Alleppyyn auto yhtäkkiä pysähtyi. Br. Ramakrishnan, joka ajoi, loi avuttoman katseen Äitiin. Hän nousi ulos autosta ja tarkisti moottorin, mutta mitään ilmeistä vikaa ei löytynyt. Hän yritti käynnistää moottorin uudestaan, mutta mitään ei tapahtunut. Hän kysyi Äidiltä, kutsuisiko hän automekaanikon, vai pitäisikö vuokrata toinen pakettiauto. Mutta Äiti ei sanonut mitään. Hän ainoastaan hymyili astuessaan ulos autosta ja käveli pois. Ramakrishnan oli pulassa. Kaikkien lähtiessä Äidin mukaan myös hän seurasi heitä toivoen Äidin antavan joitakin ohjeita. Mutta Äiti ei välittänyt hänen kysymyksistään. Joidenkin minuuttien kuluttua he saapuivat Sekharien kotiin. Talo ei ollut kaukana paikasta, missä auto oli mennyt rikki. Sekhar ja hänen perheensä olivat hartaita Äidin palvojia ja he iloitsivat suuresti nähdessään Äidin. He nauroivat ja itkivät yhtäaikaa yrittäen paniikinomaisesti saada kaikki nopeasti valmiiksi, voidakseen vastaanottaa Äidin perinteisen tavan mukaan. Kyyneleet silmissä he suorittivat Äidille *pada pujan* laulaen muutamia säkeitä *Devi Mahatmyamista*.

Devi Mahatmya

Oi maailmankaikkeuden kuningatar, Sinä suojelet
maailmankaikkeutta. Maailmankaikkeuden sieluna
Sinä ylläpidät maailmankaikkeutta. Sinä olet
maailmankaikkeuden Herran palvonnan arvoinen.
Niistä, jotka palvoen kumartavat Sinua
tulee maailmankaikkeuden pelastajia.

Oi Devi, ole mieltynyt meihin ja varjele meitä aina
vihollisten kauhuilta, kuten olet tehnyt juuri nyt
surmatessasi asurat. Ja poista nopeasti kaikkien
maailmojen synnit ja suuret onnettomuudet,
jotka ovat versoneet pahuuden enteistä
niiden kypsyttyä täyteen mittaansa.

Oi Devi, Sinä, joka poistat maailmankaikkeuden
kiusaukset, ole armollinen meille, jotka kumarrumme
Sinun edessäsi. Oi Sinä, kolmen maailman
asukkaiden palvoma, ole maailmoille suosiollinen.

Perhe oli toivonut Äidin vierailua jo kauan. He olivat kuulleet, että Äiti palaisi ashramiin Kodungallorin tilaisuuden jälkeen Alleppyn kautta. Ja he toivoivat vilpittömästi Äidin vierailevan kodissaan. Aamusta lähtien he olivat puhuneet vain Äidistä. Ja juuri ennen kuin Äiti astui sisälle heidän taloonsa, Sekhar ja hänen isänsä sanoivat toisilleen epäilevänsä Äidin vierailevan heidän kodissaan kutsumatta. Hetkeä myöhemmin Äiti seisoi heidän ovellaan. He eivät voineet uskoa silmiään. Se oli kuin unta.

Pada pujan jälkeen Äiti meni perhepyhäkköön, missä hän suoritti *aratin.* Aratin päätyttyä Äiti kutsui jokaisen perheenjäsenen erikseen luokseen ja puhui heidän kanssaan yksitellen. Hän kuunteli heidän sydäntään pakottavat asiat ja lohdutti heitä hellästi myötätuntoisella kosketuksellaan ja rauhoittavilla sanoillaan. Äiti vietti 45 minuuttia Sekharien kanssa.

Kun Äiti lähti talosta, surullinen ja hämmentynyt Ramakrishnan oli odottelemassa ulkona. Sanomatta sanaakaan Äiti käveli takaisin ashramin autolle. Heidän saavuttuaan sinne Ramakrishnan sanoi: "Amma, autoa ei ole korjattu."

Äiti nousi autoon ja sanoi: "Yritä käynnistää se uudestaan." Ramakrishnan teki kuten Äiti käski ja käänsi virta-avainta. Moottori käynnistyi välittömästi, ja auto alkoi liikkua pehmeästi tietä pitkin. Leveä virnistys kasvoillaan Rama-krishnan kääntyi ympäri, katsoi

Äitiin ja sanoi: "Se oli yksi Äidin *liiloista!*" Äidillä oli ilkikurinen ilme kasvoillaan kuin viestittäen: "Poikani, olet nähnyt vain pikkuruisen osan tästä loputtomasta *liilasta.*" Eläminen Äidin kanssa on kuin olisi lentokoneessa sen kiitäessä kiitoradalla kohden nousua. Aluksi lentokone liikkuu hitaasti lastausalueelta kiitorataa kohti, sitten se liikkuu yhä nopeammin ja nopeammin kiitorataa pitkin, kunnes se lopulta nousee. Jos opimme elämään Äidin läheisyydessä täynnä rakkautta ja antaumusta, tulemme epäilemättä tuohon kohtaan, jossa nousemme lentoon. Äidin läheisyydessä te ette säily ennallanne – te muututte sisäisesti koko ajan. Vanhat kaavat katoavat liikkuessanne yhä syvemmälle ja syvemmälle todellisen olemassaolonne uusiin maailmoihin.

Matkalla takaisin ashramiin, Äiti vieraili Haripadissa kahden muun oppilaan kodissa. Kello oli puoli kahdeksan illalla, kun Äiti ja ryhmä saapuivat ashramiin. *Brahmachari* nimeltä Anish[7] odotteli Äidin saapumista. Hän kävi Vedanta-kurssia toisessa henkisessä järjestössä Bombayssa. Tämä oli hänen ensimmäinen vierailunsa Äidin ashramiin. Äiti istahti vanhan temppelin lähistölle ja puhui Anishin kanssa asukkaiden laulaessa illan *bhajaneita*. Ne, jotka olivat matkustaneet Äidin kanssa, menivät laulamaan. Kaikki lauloivat

Akalatta Kovilil

Kaukaisessa temppelissä paloi öljylamppu alati
opastaen niitä jotka haparoivat pimeydessä.
Äiti osoitti tällä tavoin
myötätuntoaan.

Eräänä päivänä vaeltaessani tuota polkua pitkin
säteilevä hahmo viittoili minulle,
avasi minulle pyhän oven
otti hieman pyhitettyä tuhkaa
ja hieroi sen otsaani.

---

[7] Swami Amritagitananda

*Hän lauloi Jumalan lauluja
Ja sijasi omilla pehmeillä käsillään
minulle paikan nukkua.
Uuden kaltainen uni tuli luokseni
ilmoittaen totuuden:
Miksi sinä kyynelehdit?*

*Etkö sinä huomaa että olet saavuttanut
Herran pyhät jalat?
Heräsin huokaukseeni
ja näin selkeästi nuo lootuskasvot
näin ne niin kirkkaasti.*

Rakkaus ja vapaus

Bhajanien jälkeen jokainen tarkkaili hiljaa Äitiä, joka istui temppelin eteläisellä puolella. Eräs *brahmacharini* esitti spontaanin kysymyksen.

"Todellisen henkisen etsijän päämäärä on ikuinen vapautus kaikista siteistä. Kuitenkin tähän liittyy väärinkäsitys, että ikuisen vapautuksen saavuttaminen ja rakkauden ja antaumuksen polku ovat kaksi eri asiaa. Amma, olisitko ystävällinen ja selventäisit tätä."

Äiti: "Rakkaus ja vapaus kuuluvat yhteen, ne ovat toisistaan riippuvaisia. Ilman rakkautta ei ole vapautta eikä ilman vapautta voi olla rakkautta. Lopullinen vapautuminen voi tapahtua vasta, kun kaikki kielteisyys on kitketty juurineen. Vain rakkauden vallitessa vapauden ja korkeimman autuuden kaunis, hauras kukka avaa terälehtensä ja kukkii.

Vanha tarina kertoo munkkiryhmästä, joka eli luostarissa mestarinsa kanssa. Munkit viettivät hyvin antaumuksellista ja kurinalaista elämää. Paikassa oli niin ihmeellisen henkinen ilmapiiri, että ihmisiä saapui sinne suurin joukoin kaikkialta. Mutta eräänä päivänä mestari jätti kehonsa. Aluksi oppilaat jatkoivat elämäänsä kuten siihenkin asti, mutta vähitellen he alkoivat laiskistua, heidän palvontansa ja kurinalaisuutensa katosivat vähitellen ja luostari rappeutui. Ihmiset lakkasivat vierailemasta siellä, eikä uusia munkkeja liittynyt luostariin. Kaikki munkit masentuivat. He riitelivät usein keskenään, heidän sydämensä kuivuivat, eivätkä he tunteneet enää rakkautta ja antaumuksellisuutta. Eräänä päivänä vanhin munkki päätti tehdä asialle jotain. Hän oli kuullut henkisestä mestarista, joka eli erakkona lähistöllä olevassa metsässä. Niinpä munkki lähti luostarista etsimään häntä saadakseen häneltä neuvoja. Kun hän löysi mestarin, hän kertoi luostarin toivottomasta tilanteesta ja rappiosta. Mestari hymyili sanoen: 'Joukossanne on suuri pyhimys, aito, jumalallinen *inkarnaatio*. Asukkaat eivät osoita hänelle rakkautta ja kunnioitusta, se on syy kaikkiin ongelmiinne. Mutta jumalallinen *inkarnaatio* elää keskuudessanne valeasuisena. Eikä hän paljasta todellista henkilöllisyyttään.' Sanottuaan tämän mestari sulki silmänsä ja vajosi *samadhiin*. Munkki ei saanut hänestä irti sen enempää.

Matkalla takaisin luostariin munkki ihmetteli, kuka hänen veljistään voisi olla tuo *inkarnaatio*. 'Voisiko se olla munkki, joka pesee vaatteemme?', hän ajatteli itsekseen. 'Ei, se ei voi olla hän, sillä hänellä on liian häijy luonne. Voisiko se olla kokki?' hän ihmetteli. 'Ei, se ei voi olla kokki, sillä hän on aivan liian huolimaton tekemisissään, eikä edes osaa valmistaa hyvää ruokaa.' Siten hän kävi mielessään läpi kaikki munkit hyläten jokaisen vuorollaan jonkin tuossa munkissa havaitsemansa huonon ominaisuuden vuoksi. Mutta yhtäkkiä hän havahtui: 'Sen on oltava joku munkeista, sillä mestari oli sanonut niin. Mutta en voi tietää, kuka se on, koska huomaan vain vikoja heissä kaikissa. Entä jos Hänen Pyhyytensä tieten tahtoen kätkeytyy noiden puutteiden suojaan?'

Heti luostariin palattuaan hän kertoi suuren uutisen, jonka mestari oli hänelle paljastanut. Kaikki hämmästyivät ja katsoivat tarkasti toisiaan yrittäen löytää jumalallisen *inkarnaation* (jokainen tiesi, ettei se ollut hän itse). Mutta heidän katsellessa ympärilleen, he havaitsivat vain veljensä, jotka he tunsivat liiankin hyvin, vikoineen ja puutteineen. Heidän keskuudessaan virisi vilkas keskustelu siitä, kuka saattaisi olla *mahatma.* Lopulta he päättivät yrittää kunnioittaa toisiaan ja olla ystävällisiä ja nöyriä toisilleen, sillä heillä ei ollut aavistustakaan, kuka valepukuinen *mahatma* voisi olla, eivätkä he halunneet olla epäkunnioittavia ja kopeita mestaria kohtaan. Kaikki munkit olivat yhtä mieltä siitä, että se oli loistava ehdotus.

Siitä lähtien he alkoivat kohdella toisiaan uudella tavalla, syvällä kunnioituksella ja ystävällisyydellä, sillä he eivät voineet mitenkään tietää, oliko se munkki, joka seisoi heidän edessään, suuri *mahatma.* He tekivät kaikkensa löytääkseen toisissaan vain hyvää ja he alkoivat rakastaa toisiaan lämpimästi. Koska he eivät voineet tietää, kuka munkeista oli jumalallinen *inkarnaatio,* heillä ei ollut muuta keinoa kuin kuvitella näkevänsä Hänet jokaisessa veljessään. Rakkaus, joka täytti heidän sydämensä, vapautti heidät kielteisyyden vankilasta, joka oli kahlinnut heitä niin kauan. Vähitellen he alkoivat havaita jumaluuden selkeästi, ei vain toisissaan, vaan kaikkialla - jopa itsessään. Ja he saavuttivat ikuisen vapauden tilan. Luostarin ilmapiiri muuttui täysin, ja ihmiset alkoivat palata virkistäytymään sinne muodostuneessa rakkauden ja jumalallisuuden ilmapiirissä.

Niin lapset, rakkaus ja vapaus ovat toisistaan riippuvaisia.

Täydellinen vapaus mielen ja egon vankilasta voi nostattaa rakkauden virran sisällämme. Ihmiset ovat menneisyyden ja tulevaisuuden kahleissa, siksi on niin vaikeaa löytää aitoa rakkautta maailmasta. Voidaksemme todella rakastaa sekä menneisyyden että tulevaisuuden on haihduttava ja kadottava. Silloin koette tämän hetken sellaisena kuin se on, ja eläessänne tätä hetkeä täydellisen avoimuuden tilassa jatkatte seuraavaan hetkeen pysyen samanlaisina. Kun elätte tässä hetkessä, olette kokonaan läsnä. Seuraavalla hetkellä ei ole mitään merkitystä teille, se ei askarruta teitä. Ette ole huolissanne mistään, ette pelkää eikä teillä ole ennakkoluuloja. Samalla tavalla jatkaessanne seuraavaan hetkeen, päästätte edellisen hetken menemään. Mennyt on mennyttä, te unohdatte sen. Mikään ei voi sitoa teitä, olette ikuisesti vapaita. Voidaksenne todella rakastaa, teidän on oltava kaikesta vapaita. Mutta samalla voidaksenne olla täysin vapaita, teidän on osattava rakastaa. Jos olette täynnä vihaa, pelkoa tai mustasukkaisuutta, te olette noiden tunteiden orjia. Mitä tahansa ajattelettekin, teette tai sanotte, värittää sen sisällänne oleva kielteisyys. Kuinka voisitte olla vapaita, kun olette sidoksissa menneisyyden katumisiin ja tulevaisuuden huoliin? Jos yritätte vapauden nimissä paeta maailmasta Himalajan luoliin tai johonkin yksinäiseen paikkaan, siitä koituu teille vain ongelmia. Mielenne tuntee pian olonsa yksinäiseksi - ja mitä tapahtuu, kun olette yksinäisyyden kuristavassa otteessa? Te ikävystytte ja alatte unelmoida ja hautoa synkkiä ajatuksia. Vain oppiessanne rakastamaan jokaista ja kaikkea voitte olla todella vapaita. Vain silloin tietämättömyyden yö päättyy ja lopullisen oivalluksen päivä alkaa.

Amma on kuullut seuraavan tarinan. Kerran eräs henkinen mestari kysyi oppilailtaan: 'Mistä tiedätte, koska yö päättyy ja päivä alkaa?' Oppilas vastasi: 'Kun voidaan havaita henkilö matkan päästä ja pystytään erottamaan, onko hän mies vai nainen.' Mutta mestari pudisti päätään. Toinen kokelas sanoi: 'Kun voidaan havaita puu kaukaa ja pystytään erottamaan mangopuu omenapuusta.' Mutta tämä vastaus oli myös väärin. Oppilaat tulivat uteliaiksi ja pyysivät häntä valistamaan heitä ja antamaan heille oikean vastauksen. Mestari hymyili ja sanoi: 'Kun näette veljenne jokaisessa miehessä ja sisarenne jokaisessa naisessa, silloin yö on päättynyt ja päivä alkanut. Siihen saakka, vaikka aurinko paistaisi täydeltä terältä keskellä päivää, on yhä yö ja te olette pimeydessä.'

Lapset, tämä tarina on hyvä muistaa. Vain oppiessanne rakastamaan yhtälailla jokaista, todellinen vapaus voi astua esiin. Siihen asti olette sidottuja, olette egon ja mielen orjia.

Joten voidaksenne olla vapaita, teidän on rakastettava. Mutta myös osataksenne rakastaa epäitsekkäästi, teidän tulisi olla vapaita kaikesta, mikä sitoo teitä fyysisesti ja henkisesti."

Eläkää oman dharmanne mukaisesti

Perheellinen oppilas esitti kysymyksen.

"Amma, me olemme perheellisiä. Meidän on tehtävä työtä maailmassa ansaitaksemme elantomme ja turvataksemme perheittemme elämän. Onko meidän valittava jokin erityinen menetelmä pystyäksemme kokemaan tuon rakkauden ja vapauden?"

Äiti: "Lapset, pysykää siellä, missä olette ja tehkää velvollisuutenne rakkaudella ja antaumuksella. Jos olette naimisissa ja elätte maailmassa, älkää juosko karkuun työtänne ja velvollisuuksianne aviomiehenä tai vaimona ja lastenne vanhempina. Älkää kuvitelko, että Jumala hyväksyy teidät vain, jos luovutte velvollisuuksistanne ja pukeudutte okran värisiin vaatteisiin. Ei, niin ei ole. Jatkakaa entisten vaatteiden käyttämistä, suorittakaa velvollisuutenne, pysykää kotonanne ja tehkää työnne. Mutta oppikaa samalla elämään todellisessa Itsessä. Se on kaikkein tärkein taito, joka meidän tulisi oppia. Opimme kaiken muun, mutta emme koskaan taitoa olla omassa Itsessä.

Meidän tulisi yrittää elää sopusoinnussa oman *dharmamme* kanssa. Meidän ei tulisi koskaan yrittää omaksua jonkun toisen *dharmaa*, sillä se olisi yhtä vaarallista kuin se, että hammaslääkäri alkaisi toimia sydänlääkärinä ja ryhtyisi hoitamaan sydäntautia vaivaamaa henkilöä. Olisi vaarallista hänelle itselleen ja hänen potilailleen, jos hän yrittäisi tehdä jotain sellaista, mihin hän ei ole pätevöitynyt. Tarpeetonta sanoa, että hammaslääkärin tulee pysyä omalla alallaan. Hänellä on siinä kylliksi tekemistä. Tekemällä kaikki toimensa ahkerasti, rakkaudella, omistautuen ja antautuen työlleen hän voi saavuttaa täydellisyyden."

Oppilas huomautti: "*Srimad Bhagavad Gitassa* on kirjoitettu: 'Parempi on kuolla suorittaessaan omaa velvollisuuttaan, toisen tehtävä on täynnä vaaroja." (luku 3, jae 35)

Äiti hymyili ja jatkoi: "Me emme kykene elämään olematta aktiivisia joko fyysisesti, henkisesti tai älyllisesti. Jokainen on sidoksissa jatkuvasti johonkin toiminnan muotoon, se on luonnon kumoamaton laki. Kukaan ei tule puhtaaksi tai epäitsekkääksi yhdessä yössä. Se vie aikansa ja vaatii keskittynyttä ponnistelua ja paljon rakkautta ja kärsivällisyyttä. Toimikaa maailmassa unohtamatta, että elämämme lopullinen päämäärä on murtautua ulos kaikista kahleista ja rajoituksista. Muistakaa aina, että teillä on korkeampi päämäärä saavutet-tavana. Tehkää mitä on tehtävä, mutta kun eteenne tulee tilaisuuksia tehdä epäitsekkäitä tekoja, älkää tuhlatko noita mahdollisuuksia. Silloin saavutatte vähitellen henkistä puhtautta ja antaumusta. Kun olette kaikessa valppaita, mielenne selkiytyy ja ymmärryksenne syvenee. Tämä johdattaa teidät lopuksi täydellisyyden tilaan, itseoivalluksen tilaan.

Mikä tahansa toiminta, jota tehtäessä on oikea asenne, ymmärrystä ja erottelukykyä, vie teidät lähemmäksi vapautusta. Jos taas sama teko tehdään ilman oikeaa asennetta, se sitoo teitä. Teko voi toimia joko puhdistajana, joka ratkaisevasti auttaa teitä oivaltamaan jumalallisen luontonne, tai se saattaa lisätä entisestään jo olemassa olevaa negatiivisuu-den määrää aiheuttaen teille lopulta valtavaa kärsimystä.

Aina kun teette jotakin, yrittäkää olla valppaita. Jos olette jatkuvasti tarkkaavaisia, alatte vähitellen havaita mukana kuljettamanne negatiivisten ajatusten turhan painolastin. Tarkkaavaisuus auttaa teitä pudottamaan kaikki taakkanne ja olemaan vapaita.

Mitään ei saisi tapahtua tietämättänne. Ei edes yksittäinen ajatus saisi mennä ohi ilman, että olette siitä tietoisia. Tarkkailkaa valppaasti mieltänne ja sen erilaisia tunnetiloja. Tietoisesti tarkkaillessanne voitte selkeästi havaita, mitä sisällänne tapahtuu. Jos olette tarkkaavaisia ja huomaatte vihastuvanne, vihan tunne ei pääse yllättämään teitä. Mutta havaintojen tekeminen yksistään ei riitä. Yrittäkää löytää jokaisen tunnetilan, kuten vihan, syvällä oleva syy."

Miten viha jäljitetään ja hävitetään

Kysymys: "Amma, miten päästään vihan alkulähteelle ja poistetaan se juurineen?"

Amma: "Jokin on aiheuttanut tuon vihan ja täytyy olla syy, joka laukaisee sen. Tuo syy on näkymättömissä. Teidän on etsittävä tuota näkymätöntä juurta sisältänne. Viha on pinnalla, siksi te voitte nähdä sen havainnoimalla itseänne tarkasti. Mutta nyt teidän on etsittävä alkuperäistä syytä, joka on piilossa alitajunnassanne, syvällä mielen ulkokuoren alla. Vain tuon syyn kiskominen irti juurineen hävittää vihan, joka aiheuttaa mielen pinnalla myrskyn pyörteitä. Mielen pinnalla olevaa vihaa voidaan verrata puuhun. Vihan aiheuttaja on kuin näkymätön puun juuri, joka on piilossa mullan alla. Puun kaikki voima on peräisin juuresta. Halutessanne tuhota puun, tuhoatte vain juuren. Kun juuret on hävitetty, luonnollisesti myös puu kuolee. Samalla tavalla, kun kerran tulette tietoisiksi kielteisyydestä itsessänne, teidän tulisi harjoittaa itsenne tarkkailua ja etsiä kielteisyyden alkuperää. Aivan kuten puu on olemassa juuriensa varassa, teissä oleva kielteisyys - mitä tahansa se sitten onkin - on olemassa, koska sen voimakas aiheuttaja on piilossa mielen syvyyksissä. Tutkikaa tarkoin ja etsikää tuo juuri. Kun löydätte kielteisyyden taustalla olevan syyn, se katoaa palaamatta koskaan takaisin. Tämä on mahdollista vain, kun olette valppaita.

Ollessanne valppaita ette voi liikkua väärään suuntaan, ette myöskään voi tehdä mitään väärää. Jatkuva valppaus tekee teistä niin puhtaita, että lopulta teistä itsestänne tulee juuri tuo puhtauden ruumillistuma, ja se on teidän todellinen olemuksenne. Saavutettuanne tämän korkeimman tilan teidän jokainen aikomuksenne, sananne ja tekonne on puhdas. Epäpuhtauden taakkaa ei enää ole olemassakaan, on vain puhtauden valoa. Silloin näette kaiken puhtaana tietoisuutena. Se tarkoittaa, että näette kaiken samanarvoisena. Ulkoisella ilmentymällä ei ole enää merkitystä, sillä te olette kehittäneet kyvyn tunkeutua syvälle ja nähdä kaiken läpi. Alati muuttuva aine kadottaa merkityksensä. Näette kaikessa ikuisesti muuttumattoman *Atmanin* (Itsen)."

Äiti sulki silmänsä ja alkoi laulaa

Santamayi Orukatte

Antakaa elämän joen lipua riemuisasti eteenpäin,
jotta se voisi liittyä vihdoin
hiljaisuuden äärettömään mereen

sulautuen sat-chit-anandan valtamereen.

Merivesi luovuttaa kosteutta,
joka kerääntyy raskaiksi pilviksi,
ja putoaa taas sateena alas
muodostaen virtaavia jokia,
jotka kiirehtivät tyhjentymään valtamereen.
Kokemuksillamme, vaikkakin vaihtelevilla,
on merkityksensä jumalaisessa leikissä,
myrskyisten vesien huuhtomaa elämäämme
yllyttää halu
kadottaa ja toteuttaa itsensä
tuonpuoleisessa suuruudessa, jumalaisessa.

Elämän joki virtaa yhä edelleen ja edelleen,
kokemusten ja viisauden syventämänä.
Sallikaamme sen liukua eteenpäin pehmeästi, esteettömästi,
lopulliseen kohtaamiseen
Herransa kanssa.

Äiti on korkeimman puhtauden ja rakkauden ruumiillis-tuma. Hänen seurassaan puhdistuminen tapahtuu vaivatto-masti. Tuossa puhtaudessa heijastuu koko maailmankaikkeus ja siinä koetaan kosmista energiaa. Voimme antaa itsemme tuolle korkeimmalle valolle, puhtaudelle ja rakkaudelle ja se puhdistaa meidät. Äiti hyväksyy onnellisena epäpuhtautemme ja vaihtaa sen puhtauteen ja rakkauteen, jota hän antaa meille ylitsevuotavasti. Lähestykää häntä rukoillen: "Oi Äiti, tässä on Sinun lapsesi! En kykene tarjoamaan Sinulle mitään muuta kuin epäpuhtauteni. Oi suurenmoinen, kaiken antaja, ota vastaan elämäni. Puhdista minut ja salli minun olla ikuisesti Sinun puhdas työvälineesi."

Kysykää itseltänne, miksi en voi ainoastaan hymyillä ja olla onnellinen?

Eräs amerikkalainen nainen sanoi Äidille: "Amma, menneisyyteni vaivaa minua suunnattomasti. Onko mitään keinoa päästä siitä eroon? Sinä kehotat minua hymyilemään, mutta en kykene. Olen hermostunut ja peloissani. Mitä minun tulisi tehdä päästäkseni menneisyyteni painolastista ja kyetäkseni hymyilemään kuten Sinä neuvot minua tekemään?"

Äiti: "Tyttäreni, niin kauan kun kannat menneisyytesi taakkaa, et kykene hymyilemään aidosti. Sinun on kysyttävä itseltäsi: 'Miksi olen surullinen? Miksi en voi vain hymyillä ja olla onnellinen?' Näe luonnon kauneus ja täydellisyys. Kaikki on niin riemukasta luonnossa, vaikka sillä ei olekaan ihmisen älyä. Koko luomakunta iloitsee. Ihminen poimii kaikkein kauneimmat kukat repimällä ne varsineen. Joistakin tehdään kukkaseppeleitä, kun taas toiset tallataan välinpitämättömästi. Kukalla on niin lyhyt elinaika ja kuitenkin se antaa itsensä varauksettomasti, se jopa lahjoittaa omaa mettään mehiläisille ja on yhä edelleen onnellinen. Tähdet tuikkivat taivaalla, joet virtaavat autuaan onnellisina ja linnut puhkeavat laulamaan. Sinun tulisi kysyä itseltäsi: 'Miksi minä sitten tunnen oloni näin kurjaksi, vaikka elän tämän riemukkaan juhlan keskellä?'

Kysy itseltäsi toistuvasti 'miksi' ja löydät vastauksen. Vastaus on, että kukilla, tähdillä, joilla, puilla ja linnuilla ei ole egoa ja koska niillä ei ole egoa, mikään ei voi haavoittaa niitä. Sitten kun sinulla ei ole egoa, voit vain riemuita. Jopa tapahtumat, jotka muuten olisivat tuskallisia, muuttuvat ilon hetkiksi.

Valitettavasti sinulla on kuitenkin vielä ego ja ihmiset ovat loukanneet sinua lukuisia kertoja. Sinussa on valtava määrä loukattuja tunteita. Yksilöllisyyttäsi, egoasi on loukattu. Nuo kaikki haavat märkivät ja vuotavat verta. On hämmästyttävää, että suostut elämään tuossa kunnossa etkä etsi tehokasta parannuskeinoa.

Aiemmin tuli jo ilmi, että tehokkain parannuskeino on mielen kiinteä tarkkaileminen. Se tuo kärsimyksenne kätketyt syyt päivän valoon. Ego on syy, näkymätön juuri. Näkymätön, mutta voimakas ego on paljastettava. Ja kun ego on paljastettu, se katoaa todeten: 'Minulla ei ole mitään tekemistä täällä, joten hyvästi - emme tapaa enää koskaan.' Se ei sano: 'Nähdään myöhemmin.' Egon paljastaminen on sama kuin sen tuhoaminen, se on kuin varkaan yllättäminen piilopaikassaan. Jättäkää sikseen menneisyyden katuminen ja rentoutukaa. Rentoutuminen auttaa teitä saavuttamaan lujuutta ja elinvoimaa. Rentoutuminen on menetelmä, jonka avulla koette välähdyksen todellisesta luonnostanne, olemassaolonne ehtymättömästä voimanlähteestä. Opetelkaa rentoutumaan koettelemusten ja paineiden keskellä. Opetelkaa pysyttele-mään tarkkailijana ja seuratkaa sivusta kielteisiä ajatuksia, loukattuja tunteita ja henkistä tuskaa, jota käytte läpi. Kun kerran opitte tuon menetelmän, oivallatte, että jännitys, huolet ja kielteisyys, joita raahaatte mukananne, kuuluvat mielelle. Ne eivät kuulu sisäiselle Itselle, todelliselle olemuksellenne.

Alussa ette ehkä koe täydellistä rentoutumista. Saatatte ensin kokea vain aavistuksen siitä, mutta päästyänne kerran sen makuun, alatte kiinnostua. Se on ihmeellinen, nautinnol-linen kokemus, jonka haluatte kokea kasvavassa määrin yhä uudelleen ja uudelleen. Opittuanne tuohon mielialaan pääsemisen tekniikan, haluatte ehdottomasti pysyä tuossa tilassa, koska pystytte hetkeksi unohtamaan kaiken. Muutamien sekuntien ajan olette kokeneet todellista rauhaa ja iloa, ettekä voi luopua noista kallisarvoisista hetkistä. Myös voimaa pursuva valppaus, jonka koette tuon rentoutumisen hetken jälkeen, on sanoin kuvaamaton. Tunnette sammumatonta janoa palata tuohon tilaan.

Muistakaa, että rentoutuminen antaa teille voimaa ja energiaa kohdata haasteet, jotka odottavat tulevaisuudessa. Olkaa huolettomia mutta samalla valppaita."

Äiti pyysi *brahmachareja* laulamaan *bhajanin*. He lauloivat yhdessä laulun

Anantamayi Patarunnor

Suunnaton, laajeneva taivas
sisäinen olemus,
herää pursuen intoa!
Oi Äiti!
Jumalatar Ambika, ikuinen neitsyt
ääretön, autuas ja tahrattoman puhdas...

Koskaan - oi, älä koskaan enää salli
tämän anojan
langeta kiusaukseen!
Päivien kiiruhtaessa ohitse
sydämeni kipu kasvaa.
Oi sydämeni jumalatar,
etkö olekaan tietoinen siitä?

Eikö minulla olekaan äitiä?
Voi, eikö minulla ole äitiä lainkaan?
Kerro minulle, oi autuas
kerrothan minulle...
En etsi autuutta, enkä mitään muutakaan.
Salli minulle vain puhdas rakkaus ja antaumus.

Tarkkaavaisuus ja shraddha

Laulun päätyttyä kaikki istuivat hiljaa jonkin aikaa, kunnes esitettiin toinen kysymys.

"Amma, onko tarkkaavaisuus samaa kuin *shraddha*?"

Äiti: "Lapset, koko henkisyys voidaan sisällyttää yhteen sanaan, se sana on 'shraddha'. *Shraddha* on oppilaan ehdoton luottamus mestarin sanaan tai pyhiin kirjoituksiin. Mestarin sanat ovat täysin pyhien kirjoitusten mukaiset. Todellisuudessa aidon mestarin sanat ovat samaa kuin pyhät kirjoitukset. Oppilas, jolla on sellainen luottamus, tarkkailee jatkuvasti mieltään ja ajatuksiaan. Siinä mielessä *shraddha* tarkoittaa myös tarkkaavaisuutta. *Shraddha* tarkoittaa alituista valppautta. Se on kuitenkin mahdollista vain silloin, kun olette rentoutuneita. Jännittynyt, kiihtynyt ihminen, joka jatkuvasti ajattelee elämänsä epäonnistumisia, ei voi olla tarkkaavainen, eikä hän voi olla myöskään täysin tietoinen kuluvasta hetkestä. Hän, joka unelmoi tulevaisuudesta, on samanlaisessa tilanteessa. Nämä molemmat mielentilat tekevät teistä elottomia. Te kadotatte luovuutenne, ettekä kykene saamaan aikaan mitään. Rentoutuminen kohottaa tietoisuuttanne ja tuo esiin todellisen olemuksenne. Vain rentoutunut ihminen kykenee olemaan tarkkaavainen ja valpas.

Lapset, elämässä ei voida välttää epäonnistumisia. Olettakaamme meidän kompastuneen johonkin ja kaatuneen. Emme sano itsellemme: 'Nyt olen kaatunut, antakaa minun pysyä ikuisesti maassa pitkälläni. Minulla ei ole aikomustakaan nousta ylös ja jatkaa matkaani.' Olisi naurettavaa ajatella niin.

Ryömivä lapsi kaatuu useita kertoja, ennen kuin se oppii kävelemään kunnolla. Epäonnistumiset ovat luonnollinen osa elämää. Muistakaa, että jokainen epäonnistuminen tuo tullessaan onnistumisen viestin. Kuten ryömivä lapsi kaatuu ennen kuin oppii kävelemään varmoin askelin, myös omat epäonnistumisemme ovat nousua kohden lopullista voittoa. Ei siis ole syytä tuntea pettymystä tai turhautumista. Älkää jääkö pimeyteen, vaan tulkaa ulos valoon.

Te olette jumalan valo

Te ette kuulu pimeyteen. Pimeys on teidän oman mielenne ja egonne luoma vankila, se on itse aiheutettu ja itse luotu. Se ei ole todellinen asuinsijanne, sillä te kuulutte valoon. Te olette Jumalan valo. Päästäkää pimeys menemään. Oivaltakaa, että olette vankilassa, huomatkaa mihin vankila on tarkoitettu ja ymmärtäkää, että se ei ole oikea kotinne. Me olemme luoneet oman vankilamme ja vankeutemme. Kukaan toinen ei ole siitä vastuussa eikä kukaan ole sen aiheuttaja. Huomatkaa pimeyden olevan pimeyttä eikä valoa. Me olemme pimeydessä, mutta epäonneksemme kuvittelemme olevamme valossa. Ajatteleminen on ongelma. Olemme samastuneet täysin ajatusten kulkuun. Tämän hetkisessä mielentilassamme uskomme olevamme valossa ja vapaita, vaikka olemme pimeydessä ja itse luomamme egon armoilla. Erehdymme pitämään pimeyttä valona ja vankilaa vapautena. Kysymys on, ymmärrämmekö vankeuden olevan sitä, mitä se on. Emme käsitä olevamme kahleissa, sillä olemme olleet pitkään pimeydessä kahlittuina. Kahleita kuvittelemme koristeellisiksi käädyiksi ja vankilasta on tullut kuin koti. Koristuksina pitämämme asiat - kuuluisuus, valta, rikkaus - ovatkin tosiasiassa meitä sitovia kahleita. Tästä väärinkäsityksestä johtuen kärsimyksestä ja surusta on tullut osa elämäämme, siksi emme kykene hymyilemään täysin sydämin. Mutta totuus on päinvastainen. Me olemme Jumalan valo ja autuus on meidän synnyinoikeutemme. Olemme ikuisesti vapaa, ääretön *Atman.*

Meillä on hämärä muistikuva todellisesta olemuksestamme. Joskus tämä muistikuva on hieman selkeämpi, mutta enimmäkseen olemme siitä tietämättömiä ja siksi pysymme edelleenkin vankilassa. Milloin tahansa muistikuva nousee esiin, me kamppailemme vapautuaksemme. Kuitenkin mitä enemmän taistelemme vastaan, sitä enemmän tuo kahle kiristää. Lakatkaa taistelemasta, hiljentykää ja rentoutukaa ja huomaatte olevanne vapaita. Kun olette tietoisia kahleen olemassaolosta, vapaudutte sen otteesta. Te pidätte lujasti kiinni mielen luomista harhakuvista. Samastutte ymmärtämättömästi ajatuksiinne, ja luotte siten oman vankilanne ja vankeutenne. Kuinka vapautatte itsenne? Se on hyvin yksinkertaista. Päästäkää vain otteenne ja vetäytykää yhteistyöstä, hellittäkää.

Tiedättekö kuinka joillakin seuduilla Intiassa pyydystetään apinoita? Kapeakaulainen astia täytetään pähkinöillä ja muilla herkuilla, joista apinat pitävät, ja se asetetaan maahan. Sitten apina tulee ottamaan pähkinöitä. Se sujauttaa kätensä astiaan ja sieppaa pähkinät. Kun sen käsi on täynnä, se ei saa kättään ulos kapeakaulaisesta astiasta. Hupsu apina ei ymmärrä avata kättään ja päästää irti pähkinöistä, jolloin se pääsisi pakenemaan. Se ei luovu sieppaamistaan pähkinöistä ja niin se on ansassa. Pitämällä kiinni muutamasta pähkinästä apinaparka menettää koko metsän ja kaikki sen kauniit puut - valtavan alueen, missä se voisi vaellella vapaasti, leikkiä ja nauttia elämästään koko sydämensä kyllyydestä. Vain muutamien pähkinöiden vuoksi se menettää koko metsän tuoreet ja herkulliset pähkinät ja hedelmät. Se kadottaa koko elämänsä. Ihmiset ovat hyvin samanlaisia. Ihminen huutaa: 'Vapauttakaa minut! Haluan olla vapaa!' Mutta kuka hänet on kahlinnut? Mikä hänet sitoo? Ei kukaan, eikä mikään. Hänen on vain lakattava pitämästä tätä kaikkea turhaa meteliä, lopetettava kamppaileminen, rauhoituttava ja rentouduttava. Vasta sitten hän havaitsee, että hän, hän yksin on vastuussa vankeudestaan. Hänen on vain päästettävä irti ne muutamat pähkinät, joista hän pitää kiinni ja sen jälkeen hän voi helposti irrottaa kätensä mielen ja älyn kapeakaulaisesta astiasta ja olla ikuisesti vapaa. Koko ääretön kaikkeus on hänen."

Kärsivän sielun lohduttaminen

Surullisen näköinen länsimaalainen nainen istui Äidin vieressä. Äiti kääntyi hänen puoleensa ja kysyi häneltä rakastavasti, mikä hänen mieltään painoi. Nainen katsoi Äitiä silmät kyynelissä. Hän näytti haluavan keskustella Äidin kanssa kahden kesken. Käden liikkeellä Äiti pyysi kaikkia poistumaan, paitsi Bri. Gayatria, jota tarvittiin tulkiksi. Sitten nainen avasi sydämensä Äidille. Hänelle oli joskus tehty kaksi aborttia ja hän oli jatkuvasti ahdistunut ajatellessaan sitä. Nainen kertoi: "Mitä enemmän yritän unohtaa, sitä ahdistuneemmaksi tulen, enkä kykene antamaan itselleni anteeksi. Äiti, anna anteeksi mitä olen tehnyt! Auta minua unohtamaan ja pääsemään rauhaan."

Äiti katsoi häntä hyvin myötätuntoisesti hieroen hellästi hänen rintakehäänsä. Hän lohdutti sanomalla: "Tyttäreni, älä ajattele, että se mitä olet tehnyt, on suuri synti. Sinun sekä kahden lapsesi karma oli käydä läpi tuo kokemus. Sikiöiden oli määrä elää vain niin kauan. Kohdatessasi nyt Amman, sinun tulisi unohtaa se. Älä reagoi menneeseen. Reagointiin sisältyy aina pakottavaa voimaa ja hyökkäävyyttä. Reagoiminen lisää mielen sekasortoa, ja ajatus, jonka yrität unohtaa, nousee esiin paljon voimakkaampana. Reagoiminen on vastustamista. Menneisyyden haavojen vastustaminen vain syventää noita haavoja. Reagoimisen sijaan rentoutuminen on menetelmä, joka parantaa mielen haavat. Pelkkä sen oivaltaminen, että olet tehnyt väärin, vapauttaa sinut sen vallasta. Sinulle on jo annettu anteeksi. Kärsimäsi kipu on enemmän kuin tarpeeksi pesemään pois sinun syntisi. Millainen synti tahansa pestään pois katumusten kyynelillä. Tyttäreni, Amma tietää sinun kärsineen paljon. Tästä hetkestä alkaen sinun ei tule pitää tätä taakkaa mielessäsi. Sinulla on Amma pitämässä sinusta huolta. Unohda ja ole rauhassa."

Nuo Äidin suloiset sanat saivat naisen puhkeamaan kyyneliin. Äiti kietoi hellästi kätensä naisen ympärille ja veti hänet syleilyynsä. Nainen, edelleenkin itkien, painoi päänsä Äidin syliin. Äiti silitteli hänen hiuksiaan ja sanoi Gayatrille: "Naisparka, hän teki nuo teot tietämättömyydessään. Siihen aikaan hänen on täytynyt olla hyvin vaikeassa tilanteessa ja siksi hän teki abortin. Hänen syyllisyydentuntonsa on painanut häntä kaikki nämä vuodet."

Jotkut *brahmacharit* olivat viivytelleet lähistöllä kykenemättä vetäytymään pois Äidin läheisyydestä. Äiti kutsui heidät takaisin ja kaikki palasivat istumaan hänen eteensä. Nainen piti edelleenkin päätään Äidin sylissä kun Äiti puhui ja Gayatri jatkoi kääntämistä.

Ketään ei tulisi rangaista loputtomiin

"Miten vakava tekemänne erehdys lieneekään, oivaltaes-sanne sen ja tuntiessanne katumusta, teille tulee antaa anteeksi. Se ei tarkoita, että tehdessään tahallaan väärän teon, voi ajatella vapautuvansa rangaistuksesta, kunhan vain katuu myöhem-min. Ei, asia ei suinkaan ole niin. Niin paljon kuin mahdollista, meidän tulisi varoa tekemästä minkäänlaisia erehdyksiä. Kuolevaisina ihmisinä teemme pakostakin virheitä, joskus tietämättömyydestä, toisinaan olosuhteiden pakottamina. Erehdyksen vakavuudesta riippuen tietyn suuruinen rangaistus saattaa olla välttämätön opetukseksi. Rangaistus on aivan välttämätön, jos henkilö toistaa yhä uudestaan samaa virhettä. Kenenkään ei tulisi kuitenkaan kärsiä ikuisesti. Yhtäkään sielua ei tulisi rangaista ikuisesti muutamien erehdysten takia, jotka hän on tehnyt tai jotka hän on ollut aikeissa tehdä. Jotkut ihmiset katuvat vilpittömästi syntejään. He oivaltavat, mitä ovat tehneet ja toivovat muuttuvansa. Heille tulisi antaa kaikki mahdollisuudet aloittaa alusta, uudelta pohjalta. Heille tulisi antaa anteeksi, heille tulisi luoda heidän kasvuaan tukeva rakkaudellinen ympäristö, jotta he voisivat unohtaa ja päästä vapaaksi menneestä elämään täysipainoista elämää. He tarvitsevat rakkauttanne ja myötätuntoanne. Hymyilkää heille sydämellisesti ja puhukaa heille rakastavasti. Sallikaa rohkaisevien sanojenne ja hymynne koskettaa heidän sydäntään ja parantaa heidän haavansa. He kykenevät vapautumaan menneisyyden pimeydestä, jos te voitte koskettaa heitä rakkaudellanne ja myötätunnollanne. Myötätuntonne saa heidät kokemaan, että heitä rakastetaan. He alkavat rentoutua ja tuntea sisäistä rauhaa. Älkää koskaan torjuko heitä tai kutsuko heitä syntisiksi, koska siinä tapauksessa eivät vain he, vaan me kaikki olemme syntisiä, sillä olemme tehneet vakavan erehdyksen unohtamalla todellisen jumalallisen luontomme. Mikään erehdys ei voi olla suurempi kuin tämä, josta meitä kaikkia voitaisiin rangaista. Mutta Jumala on kaikkia kohtaan myötätuntoinen ja kaiken anteeksiantava. Jumala on antanut meille anteeksi. Amma ei usko, että Jumala sallii yhdenkään sielun kärsiä ikuisesti. Jos Jumala tekisi niin, hän ei olisi Jumala."

Naisen edelleenkin levätessä Äidin sylissä Äiti alkoi laulaa

Amme Yi Jivende

Oi Universumin Äiti,
ei ole olemassa ketään muuta kuin Sinä,
joka saattaisi pyyhkiä kyyneleet näiltä kasvoilta
ja vapauttaa sieluni.

Saavuttuaan Sinun jalkojesi juureen
tämä sielu oivaltaa itsensä.

Voi!
Tämä mieli on nytkin surun murtama,
sillä se on hairahtunut harhan teille
ennen saapumistaan päämääräänsä.
Ole armelias ja siunaa minut niin,
että voisin ikuisesti pitäytyä Sinuun
hartaasti palvomalla,
lujasti syleilemällä.

Tässä kammottavassa syntymän ja kuoleman meressä
Sinun lootusjalkasi ovat ainoa pelastus.
Etkö voisi saapua
pirskottelemaan edes hieman rakkauden nektaria
tämän tulessa korventuvan ylle?

Tämä pieni lapsukainen viettää jokaisen hetkensä
mietiskelemällä Sinun muotoasi.
Ethän anna minun odottaa enää hetkeäkään,
vedä minut luoksesi
lahjoita sisäinen rauha
tälle nääntyvälle sielulle.

Laulun päätyttyä Äiti nosti hellästi naisen istumaan. Nainen oli sen näköinen kuin raskas taakka olisi nostettu häneltä pois. Hänen kasvonsa olivat kirkkaammat ja hän hymyili onnellisena Äidille. Syvään huokaisten hän sanoi: "Voi Äiti, nyt tunnen rauhaa. Sinä olet tuonut valon sydämeni pimeään kammioon. Paljon kiitoksia!"

Äiti nousi seisomaan, halasi naista uudelleen ja alkoi kävellä takavesien rantaa kohti.

ॐ

6. luku

Kunnioitus ilman rakkautta herättää pelkoa

Äiti istui vanhan keittiön ulkopuolella pilkkomassa vihanneksia *brahmacharinien* ja perheellisten oppilaiden keskellä. Vaistoten Äidin olevan siellä muutamia *brahmachari-neja* saapui vielä lisää paikalle. Äiti huomasi erään tytön kuorivan kurkkua liian paksulti. Äiti sanoi: "Tyttäreni, miksi otat noin paksuja kuoria? Älkää haaskatko mitään tarpeetto-masti. Vain sellainen ihminen, joka ei ole tarkkaavainen, tuhlaa. Mitä tahansa henkinen etsijä tekeekin, hänen täytyy miettiä asioita huolellisesti loppuun asti. Meidän tulisi kyetä siirtämään kaikkiin tekemisiimme se sisäinen hiljaisuus ja rauha, jonka olemme saaneet mietiskelyn avulla. Tosiasiassa meditoiminen auttaa saavuttamaan syvemmän näkemyksen tekijänsä toimintojen kaikkiin puoliin. Kun tuo syvyys on kerran saavutettu, te ette tuhlaa enää mitään. Kuorimalla liikaa poistatte samalla jotain syötäväksi kelpaavaa. Tämä tarkoittaa, että riistätte sen kaikilta ashramin asukkailta ja myös muilta, mukaanlukien nälkäiset, jotka todella tarvitsisivat sitä. Ihminen, joka on saavuttanut sisäistä hiljaisuutta ja rauhaa meditaation ja muiden henkisten harjoitusten avulla, ei koskaan tekisi sellaista."

Äiti lopetti ja joku esitti uuden kysymyksen:

"Amma, olen kuullut sinun sanovan kerran, että henkisen oppilaan tulisi tuntea sekä rakkautta että kunnioitusta mestaria kohtaan. Sanoit myös, että pelkkään kunnioitukseen pakostakin liittyy pelko. Voisitko selventää tätä?"

Äiti: "Kunnioitukseen ilman rakkautta liittyy pakostakin pelkoa. Kunnioitukseen sisältyy pelko. Opettaja pyytää oppilasta

74

opettelemaan runon ulkoa ennen seuraavan päivän oppituntia. Oppilas parka ei ole kiinnostunut runoudesta. Hän urheilisi ja katselisi mieluummin televisiota. Oppilas kunnioittaa opettajaa, mutta ei rakasta häntä. Hän kokee opettajan pakottavan hänet tekemään sellaista, mistä hän ei pidä. Hän ei uskalla sanoa vastaan, koska pelkää opettajaa, vanhempiaan ja hän pelkää myös rangaistusta tottelemattomuu-desta. Niinpä hän toistaa runon useita kertoja ja oppii sen. Tämä ei ole todellista oppimista. Niin kauan kun pelätään, todellinen oppiminen on mahdotonta. Tämän kaltainen oppiminen ei auta koskaan oppilasta saavuttamaan todellista tietoa, koska sitä ei tehdä sydämellä. Tuntiessaan kunnioitusta ja pelkoa opettajaansa kohtaan oppilas opettelee kuin papukaija omaksumatta merkitystä. Oppilaan sydän on kiinni. Pelko sulkee sydämen ja silloin oppilas todennäköisesti unohtaa oppimansa. Vain sydämen ollessa avoin, voi todella oppia. Muuten opiskelun eteneminen ja kaikki suoritukset ovat konemaisia.

Te syötätte tietoa tietokoneeseen ja taltioitte tiedon sinne. Halutessanne käyttää tuota tietoa, vain painatte muutamia näppäimiä ja tieto ilmestyy eteenne. Mutta painaessanne vahingossa väärää näppäintä, siinäpä se - koko taltioitu tiedosto on hävinnyt. Ruutu on tyhjä.

Tietokone voi totella vain sille annettuja käskyjä. Tietokoneella ei ole älyä, eikä se myöskään tunne mitään, koska se on vain ihmisälyn keksintö.

Ihmisestä saattaa tulla kuin hengittävä, liikkuva tietokone, jollei hänellä ole myötätuntoa ja rakkautta sydämessään. Kunnioitus, josta puuttuu rakkaus ja joka perustuu pelkoon, sulkee sydämenne ja tekee teistä ihmiskoneita. Tottelevaisuus opettajaanne tai vanhempianne kohtaan pelon ja kunnioituk-sen takia ei ole muuta kuin tietokoneeseen syötettyä tietoa. Se voi kadota milloin hyvänsä, koska rakkaus ei ole sitä kannattamassa ja tukemassa.

Kerran eräs perhe saapui tapaamaan Ammaa seitsen-vuotiaan poikansa kanssa. Tämä istui Amman sylissä ja ilahduttaakseen lasta ja saadakseen hänet puhumaan Amma kysyi häneltä useita asioita:

75

nimeä, millä luokalla hän oli, ystävistä ja leikeistä, joista hän piti jne. Vastatessaan kysymyksiin poika katsoi joka kerta ensin isäänsä kuin kysyäkseen häneltä lupaa. Poika vastasi vain saatuaan isänsä suostumuksen. Amman kysyessä hänen nimeään hän välittömästi katsoi isäänsä. Vain isän sanoessa: 'Kerro Ammalle nimesi', uskalsi poika sanoa nimensä. Poika pelkäsi puhua. Sitä ei voi kutsua edes kunnioitukseksi - se oli ilmiselvää kauhua. Jos lasta uhkaillaan sanomalla: 'Tottele tai muuten rankaisen sinua', te ette tiedä kuinka paljon teette vahinkoa. Lapsi sulkeutuu, eikä kykene ilmaisemaan itseään. Hän kantaa tuota pelkoa mukanaan läpi koko elämänsä. Hänestä saattaa tulla varakas, korkeasti koulutettu mies, jolla on huippuvirka yhteiskunnassa, mutta pelko on yhä tallella syvällä hänen sisimmässään ja se tekee hänen henkilökohtaisesta elämästään helvetin.

Jos opetamme tottelevaisuutta herättämällä pelkoa ja kauhua, emme voi sanoa sitä kasvatukseksi, jona me sitä niin mielellämme pidämme. Aitoa, rakentavaa kasvatusta on, kun annetaan rakkauden kukoistaa. Jos rakkaus puuttuu, kaikki arvostus ja kunnioitus perustuu pelkoon. Rakkaudellinen ihmissuhde sen sijaan avaa sydämenne ja auttaa teitä ilmaisemaan itseänne täydellisesti valitsemallanne tavalla. Rakkaus lähentää teitä ja tuossa läheisyydessä ei ilmene ollenkaan kurittomuutta. Tuosta aitoon ymmärtämiseen perustuvasta rakkaudesta kehittyy luonnollinen ja todellinen kunnioitus. Toisin sanoen, kun rakkauden luja side on muodostunut opettajan ja oppilaan tai vanhemman ja lapsen välille, ojentaminen on helppoa, koska se ei aiheuta loukkaantumisen tunteita lapsessa, jota on ojennettu. Tuo rakastava läheisyys, tuo sydänten kohtaaminen on elintärkeää opettajan ja oppilaan tai vanhemman ja lapsen välillä. Sellaisen läheisyyden syntymiseen tarvitaan kärsivällisyyttä ja anteeksiantoa.

Lapset, olette ehkä kuulleet, millaisia gurun ja oppilaan väliset suhteet olivat kauan sitten. Oppilaat, jotka tulivat erilaisista yhteiskuntaluokista ja olosuhteista, asuivat *gurukulassa*. Koulutusjakso kesti vähintään kaksitoista vuotta. Noihin aikoihin menetelmät olivat täysin erilaiset. Ne eivät olleet lainkaan sellaiset kuin ny-kyisissä kouluissa ja oppilaitoksissa. Nykyaikana oppilaat eivät voi opiskella kirjoittamatta muistiinpanoja ja tuijottamatta oppikirjoja. Oppitunnin aikana oppilaat tuskin koskaan katsovat opettajaansa kasvoihin. He kirjoittavat muistiinpanoja istuen kumartuneina oppikirjojensa ääressä tai unelmoivat tuijottaen ulos ikkunasta. He eivät katso opettajansa kasvoja, koska he eivät pidä hänen kas-voistaan. Oppilaat tuntevat vihamieli-syyttä opettajaansa kohtaan. Kunnioitus ilman rakkautta johtuu pelosta, joka vuorostaan saattaa kärjistyä suuttumukseksi tai jopa vihaksi.

Useimmat lapset tuntevat vihamielisyyttä vanhempiaan ja opettajaansa kohtaan, koska nämä määräilevät heitä. Heistä tuntuu, että aikuiset yrittävät pakottaa heitä omaksumaan omia ajatuksiaan. Niin kauan kuin nuori on riippuvainen vanhemmistaan ja opetta-jastaan, hän ei pysty ilmaisemaan vihaansa. Tietysti jotkut lapset kapinoivat aiheuttaen ongelmia, mutta valtaosa alistuu ollessaan ikänsä takia riippuvaisia. He ovat vaistomaisesti huolissaan omasta turvallisuudestaan. Kuitenkin vapauduttuaan riippuvuudesta he useinkin räjähtävät ja alkavat purkaa tunteitaan. Riippuvuusai-kanaan lapsi tai opiskelija pitää vihan tunteensa tukahdutettuna alitajunnassaan. Hän naamioi vihansa näyttelemällä rakkautta ja kunnioitusta, koska hän tarvitsee vanhempiaan ja opettajaansa. Hän tarvitsee heidän aineellista tukeaan ja koulutusta. Mutta tuon kauden ollessa ohi hän ei enää kykene pidättämään vihaansa ja se purkautuu. Sellaiset ajatukset kuin: 'Hän hallitsi minua, hän ei tehnyt mitä minä halusin, hän rankaisi minua ja loukkasi minua kaikkien nähden', saattavat ilmetä suuttumuksena ja jopa vihana. Silloin hän haluaa kostaa. Kunnioitus katoaa, koska se ei ollut aitoa, se ei perustunut rakkauteen. Nyt hän paljastaa todelliset kasvonsa rakkauden naamion takaa, vihan kasvot. Tämä tapahtuu kaikissa sellaisissa suhteissa, joista puuttuu aito rakkaus ja ymmärtäminen. Se on ainoastaan ajan kysymys. Sisäinen suuttumus kytee, kunnes tulee tilanne, joka tuo sen pintaan. Jollei ihminen ole siihen mennessä kehittänyt aitoon rakkauteen ja ymmärtämiseen perustuvaa oikeaa asennetta, hän kantaa sisälleen kätkettyä tulivuorta mukanaan ja tuo sen kaikkiin ihmissuhteisiinsa. Tämä on satojentuhansien ihmisten kokemus. Amma on huomannut tämän tavatessaan henkilökohtaisesti eri puolilla maailmaa miljoonia ihmisiä monenlaisine elämäntilanteineen. Tietenkin on poikkeuksia, on ihmisiä, jotka elävät onnellista ja tasapainoista elämää, mutta valtaosa ihmisistä kuuluu yllämainittuihin."

Äiti lopetti hetkeksi ja pyysi *brahmacharineja* laulamaan laulun. He lauloivat

Amritanandamayi Janani

Äiti Amritanandamayi
Sinä olet armon, myötätunnon,
viisauden ja autuuden
ruumiillistuma.

Sinä olet kaikkien esteiden poistaja
Vinayaka Ganeshan Äiti.
Oi Äiti,
Sinä olet pyhyyden
ja tiedon ruumiillistuma.
Sinä olet älyn lahjoittaja,
Vedat ovat Sinun olemuksesi.

Sinä olet tietoisuus ja puhdas Itse
oi Äiti Amritanandamayi.
Amritanandamayi,
Sinä olet Saraswati,
tiedon Jumalatar
kirja ja veena käsissäsi.

Sinä olet Brahman,
Sinä olet Mahalakshmi,
vaurauden Jumalatar
Parvati, voiman Jumalatar

Shankari, hyvää enteilevä
ja Adi Parashakti, alkuvoima.

Sinä olet Vishnumayi
kaikkeuden ylläpitäjän dynaaminen voima,
ja Shiva-Shakti
aktiivisuus ja passiivisuus.
Kaikkeuden Äiti,
ole ystävällinen, suojele meitä!
Ilmesty meille Krishnan
ja Devin muodossa,
oi Amritanandamayi…

Äidin silmät olivat kiinni. *Brahmacharinit* istuivat hiljaa Äidin ympärillä tuijottaen häntä ja yrittäen omaksua juuri kuulemansa laulun merkityksen. Muutamien minuuttien kuluttua Äiti aukaisi silmänsä ja hymyili lapsilleen. Eräs *brahmacharineista* sanoi: "Amma, ole ystävällinen ja kerro meille lisää gurun ja oppilaan välisestä suhteesta muinaisissa *gurukulissa*."

Guru-oppilas suhde muinaisessa gurukulassa

Äiti: "Muinaisten tietäjien *gurukulissa* opetuslapset elivät mestarinsa seurassa palvelemalla häntä ja opiskelemalla. He eivät kirjoittaneet oppitunneilla mitään muistiin, eivätkä istuneet luokassa pää uppoutuneena oppikirjoihin. Oppilaat pelkästään istuivat tuijottaen mestariaan hänen puhuessaan, siinä kaikki. Heillä ei ollut muistiinpanoja eikä oppikirjoja. Mitä tahansa mestari sanoi, se meni suoraan heidän sydämeensä. Sen teki mahdolliseksi syvä side, joka oli taottu mestarin ja oppilaiden välille. Mestarin tapa ojentaa oppilaitaan ei ollut harkitsematonta pakottamista tai määräilemistä. Päinvastoin suhde perustui todelliseen rakkauteen ja ymmärtämiseen. Mestari välitti vilpittömästi oppilaistaan ja he vuorostaan osoittivat rakkauttaan ja kunnioitustaan välittämällä syvästi hänestä. Kunnioittaminen ei johtunut pelosta, vaan vilpittömästä rakkauden tunteesta. Mestari avasi sydämensä oven oppilailleen. Hän toivotti heidät tervetulleeksi ja hyväksyi heidät varauksetta koko sydämestään. Mestarin avoimuus ja epäitsekkyys teki oppilaista vastaanottavaisia ja nöyriä hänen seurassaan. Vaikkakin mestari oli tiedon aarrearkku, hän oli myös hyvin nöyrä. Hänen asenteensa ei ollut: 'Koska minä olen mestari ja te olette minun oppilaitani, teidän on paras tehdä mitä minä määrään, muutoin minä rankaisen teitä.' Oppilailla oli vapaus kysyä mestarilta selvitystä, jos he tarvitsivat sitä tai jokin oli jäänyt epäselväksi. Tiedon ruumillistumana mestari kykeni karkottamaan heidän epäilynsä sekä teorian että käytännön opetuksen kautta. Nykyajan luokkahuoneesta puuttuu oppilaan ja opettajan välinen rakkaus ja läheisyyden tunne ja siksi vaikka oppilaille olisi jäänyt jotakin epäselväksi ja heillä olisi kysymyksiä, he epäröivät kysyä. Sen paremmin opettaja kuin oppilaatkaan eivät ole tarpeeksi avoimia tai halukkaita antamaan tai vastaan-ottamaan mitään todellista tietoa. Sekä opettaja että oppilaat ovat ylimielisiä. Opettajilla on vaikeuksia oikaista oppilaidensa epäilyksiä, sillä opiskellessaan itse he eivät ole omaksuneet mitään todellista tietoa. Heidän suhteensa omiin opettajiinsa olivat samalla tavoin puutteellisia.

Muinaisessa *gurukulassa* mestari rukoili yhdessä oppilaidensa kanssa: '*Brahman* suokoon meille varjeluksensa, ravitkoon meidät molemmat, sinut ja minut. Antakoon *Brahman* meille molemmille, sinulle ja minulle tarvitsemamme voimavarat, valaiskoon tämä opiskelu meidät molemmat ja älkäämme koskaan vihatko toisiamme. *Om shanti, shanti, shanti.*' Rukous oli omistettu sekä opettajalle että oppilaalle. Yhdessä anottiin siunausta kohottamaan kummankin henkistä kasvua ja ymmärrystä. Ei siksi, että opettaja olisi tarvinnut apua oppilaaltaan. Yhteinen rukous oli vain suurenmoinen esimerkki nöyryydestä.

Mestari oli aina rukouksen tilassa. Tiedättekö lapset, ihminen, joka on jatkuvasti rukouksen tilassa, ei voi olla itsekeskeinen. Hän on kaikissa tilanteissa nöyrä. Noina aikoina nöyryys, rakkaus ja kärsivällisyys olivat tosiasioita, jotka tekivät ihmisen elämästä kauniin ja eheän. Vaikka mestari oli täysin valaistunut ja kaikkitietävä, hän oli siitä huolimatta nöyrä oppilaidensa edessä. Kukaan ei voi olla omahyväinen vilpittömästi nöyrän sielun edessä. Niinpä oppilaat tullessaan opiskelemaan sellaisen mestarin opastuksella muuttuivat hänen seurassaan nöyriksi ja tottelevaisiksi, vaikka eivät olleetkaan egosta vapaita. Noina aikoina mestarin *gurukulaan* tuli kuninkaallisia prinssejä, aatelisten lapsia ja opiskelijoita kaikista yhteiskuntaluokista. Mutta mestarille he kaikki olivat samanarvoisia. He elivät yhdessä, söivät ja nukkuivat yhdessä ja kaikki saivat samaa opetusta. Heidän oli tehtävä ruumiillista työtä, huolehdittava mestarin karjasta, haettava polttopuut metsästä, korjattava sato jne. Siitä huolimatta mestarin ja oppilaiden välillä vallitsi suuri rakkaus. Vihasta tai kaunasta ei näkynyt jälkeäkään.

Rakkauden vallitessa sydämenne on täysin avoin kuin pienellä lapsella. Rakkauden vallitsemasta avoimuudesta johtuen oppilaat pystyivät opiskelemaan pelkästään kuuntelemalla mestaria ja katselemalla häntä. Oppiakseen heidän ei tarvinnut tehdä muistiinpanoja tai käyttää oppikirjoja, ei myöskään toistaa runoa tai esseetä satoja kertoja. He kuuntelivat mestaria kerran ja se oli tarpeeksi, he muistivat sen koko loppuelämänsä. He eivät koskaan unohtaneet, mitä olivat oppineet katselemalla rakastamansa mestarin kasvoja. Vain rakkauden vallitessa voimme kuunnella aidosti.

Mestarin puhuessa puhui rakkaus ja se vastaanotettiin vain rakkaudella, ei muulla tavoin. Mestaria kohtaan tuntemastaan rakkaudesta johtuen oppilaiden sydämet olivat kuin hedelmällinen pelto, valmiina vastaanottamaan mestarin antamaa tietoa. Rakkaus antoi ja rakkaus vastaanotti. Rakkaus muokkasi heidät toisilleen avoimiksi. Aito antaminen ja vastaanottaminen on mahdollista siellä, missä vallitsee rakkaus. Todellinen kuunteleminen ja tarkkaavaisuus on mahdollista vain rakkauden vallitessa, muuten kuuntelija on lukkiutunut. Jos olette lukkiutuneita, teitä hallitsee helposti viha (menneisyytenne) ja mielipaha, eikä mikään saavuta teitä."

Nykyinen opetusmenetelmä ja aidon mestarin muinainen menetelmä

Kysymys: "Mitä vikaa on nykyisessä opetusmenetelmässä?"
Äiti: "Nykyaikaisesta opetusmenetelmästä puuttuu tällainen avoimuus. Sekä opettaja että oppilas ovat vieraita toisilleen. On vain mielipahaa, rakkaus ja avoimuus puuttuvat. Opettajilta puuttuu nöyryys ja monet ovat ylimielisiä. He haluavat hallita oppilaitaan pakottaen heidät omaksumaan omia aatteitaan. Jos oppilaat eivät kuuntele, opettajat vihastuvat ja haluavat rangaista heitä. Koska nykyaikaisissa kouluissa ja oppilaitoksissa opettajat lähestyvät oppilaitaan harkitsemattomalla tavalla, he sulkevat kaikki mahdollisuudet läheisen ja rakastavan suhteen muodostumiselle. Siksi he eivät pysty auttamaan oppilaita sukeltamaan todellisen tiedon syvyyksiin. Yksi kaikkein tärkeimmistä kasvatusmenetelmän taantumisen syistä on syvällisen suhteen ja myönteisyyden puuttuminen. Vain sellainen suhde voisi lähentää oppilasta ja opettajaa toisiinsa. Vain jos heistä virtaisi todellista rakkautta ja hyväksymistä toinen toistaan kohtaan, he voisivat ymmärtää toisiaan, ja tämä vuorostaan avaisi heille portit todelliselle vuorovaikutukselle ja yhteisymmärrykselle.

Mutta he ovat kaukana toisistaan kuin erillään olevat janan päät ja tämä sisäinen etäisyys tekee oppimisen mahdottomaksi. Heidän egonsa on muodostanut syvän kuilun heidän välilleen. Opettaja ei puhu rakkaudella, vaan ylimielisesti: 'Minä olen opettaja ja sinä olet minun oppilaani. Minä tiedän kaiken, sinä et mitään, niinpä sinun on parasta kuunnella minua tai muuten...' Oppilas vaistoaa tuon ylimielisyyden ja vaistotessaan sen hän ajattelee: 'Miksi minun pitäisi kuunnella tuota tyyppiä? En taatusti kuuntele. Taatusti en kuuntele!' Hänen sydämensä sulkeutuu ja nyt heidän välilleen on muodostunut läpipääse-mätön muuri. Opettaja jatkaa puhumista, mutta mikään ei saavuta oppilasta. Oppilaan keho on läsnä luokkahuoneessa opettajan seisoessa vain muutaman metrin päässä, mutta tosiasiassa he ovat hyvin kaukana toisistaan. Molemmat ovat sulkeutuneet. Kun sulkeutunut sydän puhuu, mitään ei tule ulos, tieto vain kaikuu puhujan sisällä, se ei herätä minkäänlaista vaikutusta kuuntelijassa. Sulkeutunut sydän puhuu ja sulkeutunut sydän kuuntelee. Toisin sanoen todellista tiedon välittymistä ei tapahdu. Nykyaikana jokainen kaipaa huomiota, koska se on ravintoa egolle. Ego elää huomiosta. Sekä opettaja että oppilas kaipaavat paljon huomiota ja elleivät he sitä saa, heidän mielensä täyttyvät vihasta ja kostonhalusta. Muodostuu jopa tilanteita, jolloin oppilaat ja opettajat loukkaavat toisiaan syvästi.

Nykyisen kaltainen oppilaan ja opettajan välinen suhde ei voi saada aikaan syvällistä muutosta kenessäkään eikä auttaa ketään kasvamaan. Tällä keinolla mikään todellinen tieto ei avaudu oppilaassa. Se ainoastaan kehittää kielteisiä tunteita sekä opettajassa että oppilaassa. Teidän kantaessanne mukananne sellaisten tapahtumien aiheuttamaa parantumat-tomien haavojen taakkaa koko elämästänne muodostuu haava, joka märkii syvien kielteisten tunteittenne tulehduttamana.

Oli aika jolloin mestarin pelkkä läsnäolo muutti oppilaita syvällisesti, tai olisiko parempi sanoa, syvällinen muutos vain tapahtui heissä. Mestarin läsnäololla oli niin valtava vaikutus.

Voima, joka sai aikaan sellaisen muutoksen oli rakkaus ja myötätunto, jonka oppilaat kokivat mestarinsa lähellä. Kun kohtaatte sydämen, joka on täynnä rakkautta ja myötätuntoa, teidän sydämenne aukeaa kuin kukka. Sydämenne sulkeutunut kukannuppu avautuu rakkauden läsnäolossa. Mestari ei välttämättä anna teille siihen liittyviä ohjeita, hän ei ehkä opeta sanoilla. Avautuminen yksinkertaisesti tapahtuu yhtä luonnollisesti kuin kukka avaa terälehtensä. Näin tapahtuu todellisen mestarin läheisyydessä.

Kukka ei tarvitse ohjeita kuinka kukkia. Musiikinopettaja ei opeta satakieltä laulamaan. Kaikki tapahtuu spontaanisti. Voimakeinoja ei tarvita, kaikki tapahtuu luonnollisesti. Samalla tavalla suuren mestarin läheisyydessä sydämenne sulkeutunut nuppu avautuu. Teistä tulee lapsen kaltaisia, viattomia ja vastaanottavia, nöyriä ja tottelevaisia mestarin oppilaita. Hän ei opeta teille mitään. Te opitte kaiken opettamatta. Hänen läheisyytensä, hänen koko elämänsä on kaikkein suurin opetus. Valvontaa tai pakotteita ei ole, kaikki tapahtuu luonnollisesti ja pakottamatta. Vain rakkaus voi saada aikaan tuon ihmeen.

Nykyaikainen opetusmenetelmä tyhjentää opiskelijoiden voimat, koska se vaatii heitä toistamaan läksyt lukemattomia kertoja niin, että ne opitaan ulkoa. Koulu vie voimat, ja opiskelijat ovat jatkuvasti suurten paineiden alla. Vanhempien heille aiheuttama rasitus on usein huomattavissa erityisesti koejaksojen aikana.

Amma tarkoittaa, että oli päämäärä sitten henkinen tai materiaalinen, mitään ei voida saavuttaa, jos kaikilta suunnilta tulee liian paljon paineita.

Nykyinen opetusmenetelmä on opiskelijoiden niskassa kuin painava, liian täynnä oleva säkki, vanhempien usein vielä pahentaessa tilannetta. Vanhemmilla on vain yksi *mantra*, jota he toistavat taukoamatta lapsilleen: 'Sinun pitää lukea läksysi ja tehdä kotitehtäväsi, et saa tehdä mitään muuta.' Tutkintojen aikana opiskelijat ovat valtavien paineiden alla. He eivät kykene lainkaan rentoutumaan.

Opettakaa heille rentoutumisen taito, se kuinka tuntea olonsa mukavaksi. Jolleivät he tunne oloaan rentoutuneeksi, kuinka he pystyvät opiskelemaan? Ilman rentoutumista kunnollinen oppiminen on mahdotonta. Se on ensimmäinen läksy, joka tulee ymmärtää. On tärkeää, että vanhemmat todella ymmärtäisivät tämän ennen kuin he pyytävät lapsiaan tekemään jotain. Amma ehdottaa, että he harjoittelisivat sitä omassa elämässään. Jos he itse eivät koe rentoutumista tärkeäksi, he eivät voi tietää, että se on välttämätöntä lapsille. Sellaiset henkiset harjoitukset kuin meditoiminen, *mantran* toistaminen ja *bhajanien* laulaminen ovat erilaisia menetelmiä, joiden tarkoitus on rentouttaa mieli niin, että voitte olla aina avoimia kuin vasta auennut kukka.

Vanhemmat eivät tiedä kuinka suurta vahinkoa he aiheuttavat lapsilleen jatkuvalla piiskaamisella: 'Opiskele, opiskele, opiskele!' Heidän järjestäessään yksityisopetusta kaikissa aineissa lomien ja viikonloppujen ajaksi, poika- ja tyttöparat kirjaimellisesti lentävät opettajalta toiselle kuluttaen voimavaransa ja tuntien olonsa hyvin rasittuneeksi. Nuoren palatessa kotiin illalla, hän on kalpea ja lopen uupunut, hän ei kykene edes syömään levollisesti. Lopputulos on, että lapsi ei ajattele mitään muuta kuin opiskeluaan. Hän lukee ja lukee toistamalla loputtomasti ja opettelemalla ulkoa kaiken, kuin syöttäisi informaatiota tietokoneeseen. Lapsi syöttää ja syöttää itseensä tietoja, kuormittaa niillä itseään valtavasti enemmän kuin pystyy mitenkään sulattamaan.

Hän saa korkeita arvosanoja ja kunniamainintoja, mutta nuoren päättäessä opintonsa, hän on kuin kone. Hän ei enää tunne elämän sykettä, ei elämän kauneutta ja ihanuutta. Hänestä puuttuu aito elämänviisaus. Hänen elämässään ei ole enää leikkimielisyyttä tai naurua. Hän on sulkeutunut. Aikuisena hän ei kykene edes hymyilemään vaimolleen tai olemaan leikkisä omien lastensa kanssa. Hän saattaa olla hyvin tunnettu ja pätevä alallaan, mutta ihmisenä hän ei ole onnistunut. Sellaisesta henkilöstä puuttuu elämän hohto. Kotona ollessaan hän on aina kireä ja vakava. Äärimmäinen vakavuus, olipa se tarpeellista tai ei, on kuin sairaus.

Sellaisten ihmisten vanhetessa myös heidän kykynsä kuluvat loppuun, koska he eivät ole kartuttaneet tietojaan viisaalla tavalla. He ovat lisänneet tietomääräänsä ankaralla opiskelulla olematta koskaan rentoutuneita tai vapautuneita. Menettelemällä niin he eivät ole käyttäneet sisäisiä kykyjään viisaasti. He eivät ole koskaan sallineet mielensä levätä. Ja siksi se on kuormittunut ja kuumennut liikaa. He ovat ruokkineet sitä taukoamatta eivätkä ole koskaan kääntäneet katkaisijaa lepuuttaakseen mieltään niin, että se olisi voinut rentoutua ja jäähtyä. He eivät ole koskaan huoltaneet välineistöään ja nyt he ovat loppuun palaneita."

Äidin eloisat sanat toivat Jumalallisen läsnäolon tuoksun kuuntelijoiden sydämiin. Hän alkoi laulaa laulua

Devi Jaganmata

Tervehdys Jumalattarelle, maailman Äidille
rajoittamattoman voiman Jumalattarelle!
Oi ikuinen neitsyt

*olen tekemässä katumusharjoituksia
sinisen meren rannalla Kanyakumarissa,
tule luokseni ja anna minulle suosiosi!*

*Oi Äiti, jonka todellinen luonto on valo
ja jonka ihana muoto
on tehty viisaudesta, totuudesta, voimasta ja autuudesta!*
Aum
Tervehdys kaikkeuden Äidille!

Rentoutumisen taito

Keskustelu jatkui.

Kysymys: "Amma, sinä puhuit rentoutumisesta. Voisitko ystävällisesti käsitellä asiaa laajemmin?"

Äiti: "Kun olemme rentoutuneita opiskellessamme, tieto pysyy muistissa. Keho, mieli tai äly tarvitsevat rentouttavia lepohetkiä. Ilman niitä opiskelu ei voi olla menestyksellistä, vaan se on rasittavaa ponnistusta. Tosiasiassa rentoutuminen antaa mielelle selkeyttä ja voimaa, joka on välttämätöntä todellisen tiedon oppimiseksi ja muistamiseksi. Tällä tavalla hankittu tieto pysyy tuoreena ikuisesti, iästä riippumatta. Mikään paineen alla ja rasittavissa olosuhteissa konemaisesti opittu tieto ei hyödytä yksilön kokonaiskehitystä. Hän, joka on kerännyt tietonsa tyynellä mielellä, voi todella toteuttaa tietoaan käytännössä ja hallita oman alansa, kun toisilla taas se on vain päässään. He kuvittelevat sen olevan persoonallisuu-tensa kaunistus, mutta tosiasiassa sillä onkin päinvastainen vaikutus, se vääristää heidän persoonallisuuttaan.

Kaikkialla maailmassa on satojatuhansia ihmisiä, jotka opiskelevat erilaisia tieteitä ja muita aiheita. Filosofian tohtoreita putkahtelee esiin kuin sieniä sateella. Ympäri maapalloa on myös miljoonia insinöörejä ja lääketieteen tohtoreita, mutta kuinka monet heistä saavuttavat alallaan todellisen suuruuden? Ainoastaan harvat. Lukemattomat ihmiset opettelevat myös maalaamista ja musiikkia, mutta kuinka monesta tulee sielun valloittavia taiteilijoita tai muusikkoja? Vain kourallisesta. On ihmisiä, jotka ovat saattaneet opiskella samassa opistossa ja saman opettajan opettamina identtisissä olosuhteissa. Miksi sitten vain joistakin tulee todella nimekkäitä taitajia? Siksi että vain harvat ovat oppineet rentoutumisen taidon. Vain muutamat harvat ovat opiskelleet rentoutuneina, kaikki muut on ahdettu tietoa täyteen. He ovat halunneet saada korkeat pistemäärät hankkiakseen kunnollisen työpaikan ja hyvän palkan, kauniin kodin, vaimon ja lapset - ja siihen päättyi heidän opiskelunsa. He ovat panneet pisteen opiskelulle ja ovat alkaneet murehtia muita asioita. Sellaiset ihmiset eivät kykene lopettamaan murehtimistaan, eivätkä koskaan osaa olla rentoutuneita. He ovat aina suuren paineen alla ja rasittuneita, sillä he eivät ole koskaan oppineet rentoutuneena olemisen taitoa.

Ihminen, joka tuntee rentoutumisen taidon, oppii jatkuvasti uusia asioita. Hänen tiedonjanonsa säilyy yhtä tuoreena koko elämän ajan. Hän ei ole jännittynyt, hän on rentoutunut ja jatkaa näin tiedon kartuttamista kyeten soveltamaan sitä myös käytäntöön. Hän ei vain tutki avaruutta, hän keksii uusia menetelmiä, uudenlaisia tekniikoita ja välineistöjä eri kohteiden tutkimiseen. Hän ei vain opiskele merenalaista elämää, hän sukeltaa syvälle veteen löytääkseen sieltä jotain. Hänen uteliaisuutensa on väsymätön. Vaikka hänellä on sammumaton tiedon ja oppimisen jano, hän on aina rentoutunut ja tuo rentoutunut mielentila antaa hänelle voimavaroja ja elävyyttä suuremman tiedon omaksumiseen ja sen käytäntöön soveltamiseen. Sellaiset ihmiset, jos heillä on riittävästi uskoa ja päättäväisyyttä, voivat sukeltaa syvälle Itseen, kaiken tiedon lähteeseen. Se auttaa heidät lopulta oivaltamaan, että heidän todellinen olemassaolonsa perusta on Itsessä.

On runoilijoita, maalareita, muusikkoja ja tiedemiehiä, jotka käyttävät paljon aikaa yksinäisyydessä keskittymiseen ja rentoutumiseen. He vetäytyvät meluisasta maailmasta ollakseen omissa oloissaan. Täysin rentoutuneessa mielentilassa he vetäytyvät pois mielestä ja sen ajatuksista. Joskus he lipuvat syvään transsia muistuttavaan tilaan ja tullessaan takaisin tuosta tilasta, he kykenevät luomaan suurenmoisen mestariteoksen. Sellaisia tapauksia on paljon, mutta kuinka se tapahtuu? Mestariteos syntyy siitä syvästä hiljaisuudesta, jota he ovat kokeneet noissa tilanteissa. Kun mielessä ei ole ajatuksia, kun se on täysin häiriintymätön, vailla kuohuntaa, tapahtuu herääminen ja uinuvat lahjat, mielen rajattomat voimavarat tulevat esiin. Teille paljastuu uusia asioita kytkeytyessänne jumalallisen tiedon puhtaalle, tuntemattomalle alueelle. Siinä on sisäisen rentoutumisen suurenmoisuus.

Joten lapset, rentoutuminen on paras menetelmä halutes-sanne oppia läksynne kunnolla. Se pitää älynne kirkkaana, muistinne paranee valtavasti, eikä teidän tarvitse kuluttaa voimia läksyjenne toistamiseen sataan kertaan muistaaksenne ne. Ollessanne täysin rentoutuneita, teidän tarvitsee lukea läksynne vain kerran ja osaatte sen ikuisesti.

Oletteko joskus nähneet iäkkäiden isovanhempienne laulavan pyhien kirjoitusten tekstin kokonaan tai pitkiä sanskritinkielisiä hymnejä vilkaisematta tekstiä kertaakaan? Heidän on täytynyt oppia ne nuorina. He oppivat ne joko vanhemmiltaan tai kuuntelemalla, kun niitä laulettiin. He laulavat niitä selkeästi ja täsmällisesti ilman ainoatakaan virhettä. Jopa ollessaan yli yhdeksänkymmenen he laulavat niitä sujuvasti. Minkälainen muisti heillä onkaan!

Joitakin vuosia sitten Amman vieraillessa eräiden seuraajiensa talossa hän tapasi perheen isoäidin. Hän oli yhdeksänkymmenen, laiha kuin luuranko ja täysin vuoteen oma. Hän oli jo hyvin heikkona, mutta kykeni yhä puhumaan. Amman istuessa hänen vuoteelleen, vanhan naisen tytär sanoi: 'Äiti, avaa silmäsi. Katso, kuka istuu vierelläsi! Se on Amma!' Vanha nainen avasi silmänsä. Säteilevästi hymyillen hän katsoi Ammaan. Vanhan naisen katsoessa Ammaa kasvoihin tytär ehdotti: 'Äiti, laula *Narayaneeyam* Ammalle.' Ennen kuin tytär ehti lopettaa lauseensa, vanha nainen alkoi sujuvasti laulaa sanskritinkielistä *slokaa* kirkkaalla äänellä. Hän jatkoi laulamistaan pitkän aikaa väsymättä, kunnes tytär lopulta pyysi häntä lopettamaan.

Lapset, katsokaa *Acchammaa*[8]. Hän on lähes kahdeksan-kym-
mentävuotias, mutta nousee edelleenkin ylös kello neljältä aamulla,
peseytyy kylmällä vedellä, resitoi säännöllisesti ja valmistaa joka
päivä kukista kaulanauhan Ammalle *Devi bhavaa* varten.
Ennen vanhaan ihmiset olivat paljon rentoutuneempia kuin
nykyisin. Silloin ei pidetty kiirettä. He pystyivät järjestämään aina
hetken vapaata lukeakseen pyhiä kirjoituksia, laulaakseen säkeitä
vanhoista eepoksista ja ylistääkseen Herraa rauhallisessa ja rentou-
tuneessa ilmapiirissä.

Joka aamu ja joka ilta koko perhe kokoontui perhepyhäk-köön
rukoilemaan yhdessä ja laulamaan Korkeimman nimiä. Nuo ren-
touttavat hetket jokapäiväisten kiireiden keskellä auttoivat heitä
tekemään maallisen työnsä mieli tasapainoisena.

Tarkastelkaa edellistä esimerkkiä vanhasta naisesta, joka lausui
sanskritinkielisiä säkeitä *Narayaneeyamista* jopa kuolinvuoteellaan.
Kuinka hän pystyi tekemään sen? Koska säkeitä ei oltu syötetty
häneen kuin tietokoneeseen. Hän oli omaksunut ne rentoutuneesti,
jännittämättä ja rakastaen. Mitä tahansa te opiskelettekin rentoutu-
neesti, se säilyy muistissanne tuoreena aina kuolemaanne asti, kun
taas pingottamalla ja paineen alla opittu unohtuu pian. Tosiasiassa
te ette pysty oppimaan mitään, ellette rentoudu. Te ette yksinkertai-
sesti omaksu asiaa. Se säilyy vain pinnalla ja kaikki mikä on mielen
pinnalla unohtuu vääjäämättä. Se on kuin meren aalto, joka tulee ja
menee. Mikään tieto, jota ei ole kerätty rentoutuneella mielellä, ei
juurru, vaan se on altis muutoksille ja vääristymille. Mieli voi näin
ollen varustaa teidät vain epäselvillä mielikuvilla.

Lapset, opetelkaa rentoutumaan kaikissa olosuhteissa. Mitä
tahansa teette ja missä tahansa olette, rentoutukaa niin saatte todeta
kuinka valtavan tehokasta se on. Rentoutumisen taito tuo esiin
teissä olevan voiman. Rentoutumisen avulla voitte kokea rajattomat
voimavaranne. Se saa mielenne hiljaiseksi ja saa teidät kohdistamaan
kaiken energianne työhönne, mitä työtä sitten teettekään. Lisäksi

---

[8] Äidin isoäiti isän puolelta.

kykenette tuomaan esiin kaikki piilevät kykynne. Kerran opittu-
anne tämän taidon, kaikki tapahtuu spontaanisti ja vaivattomasti.

Halutessanne esimerkiksi muistaa puheen tai runon, istukaa ja
rentoutukaa, jättäkää kaikki muu mielestänne ja käykää aihe läpi
vain kerran - ei sataa kertaa syömättä ja nukkumatta - ja te opitte
sen. Se säilyy mielessänne ikuisesti. Ihmismielessä on piilevinä
suunnattomat voimavarat. Siihen mahtuu koko maailman-kaikkeus
ja kaikki siinä oleva tieto. Mutta me emme ole oppineet olemaan
avoimia mielen äärettömälle voimalle."

Äiti lopetti ja eräs nainen intoutui laulamaan joitakin säkeitä
Uddhava Gitasta[9]. Hän lauloi sointuvasti klassisella tyylillä.

Herra, Sinun lootusjalkojesi edessä,
joita meditoivat palavasti ne, jotka etsivät
vapautusta työn vahvoista verkoista,
me kumarramme älyllämme, elimillämme, elinvoimallamme,
mielellämme ja puheellamme.

Oi Sinä voittamaton,
kolmen gunan rakentaman mayasi kautta
Sinä teet luomistyön niissä leväten, ylläpidät ja tuhoat Itsessä
tämän käsittämättömän maailmankaikkeuden,
mutta nämä toimet eivät kosketa Sinua,
sillä Sinä olet kaiken tuolla puolen,
sulautuneena Itsen ehdottomaan autuuteen.

Oi Sinä hurmaavin! Oi kaikkein korkein!
Palvonta, kirjoitusten tutkiskelu, laupeus,
pidättyvyys ja työ eivät anna
tyydyttämättömien halujen vallassa oleville
sellaista puhtautta kuin hänelle,
joka mieli tasapainoisena
aidosti kunnioittaen ylistää Sinun loistoasi

---

[9] Kappale Srimad Bhagavatamista. Keskustelu Krishnan ja Hänen suuren
palvojansa Uddhavan välillä.

arvonannolla, joka on syntynyt
sinun tekojesi suuruuden kuulemisesta.

Naisen päättäessä viimeisen säkeen Äiti katsoi häntä rakastavasti ja sanoi: "Tyttäreni, lauloit kauniisti." Nainen oli hyvillään ja onnellinen. Hän vastasi: "Se johtuu sinun armostasi, Amma." Äidin suloisten sanojen virta jatkui. "Lapset, oletteko kuulleet tämän tarinan? Kauan sitten eli hallitsija, joka valloitti Intian. Hänellä oli toinenkin päämäärä. Hän halusi saada omaan maahansa kaikki neljä *Vedaa* puhtaassa, aidossa muodossaan. Hallitsija lähetti viestinviejiään Intian eri osiin etsimään Vedojen alkuperäisiä kappaleita. Lopulta hän sai tiedon, että yksi kopio oli tallessa eräällä brahmiiniperheellä Pohjois-Intiassa. Hän lähti välittömästi sinne mukanaan kokonainen pataljoona sotilaita.

Brahmiini, joka oli perheellinen, oli köyhä. Hän asui majassa vaimonsa ja neljän poikansa kanssa Ganges-joen varrella. Hallitsija käski joukkonsa saartaa majan, jonka jälkeen hän astui sisälle ja käski brahmiinia luovuttamaan Vedat hänelle. Brahmiini oli hyvin rauhallinen. Hän vastasi: 'Teidän Korkeutenne, ei ole mitään syytä nostaa hälyä. Olen onnellinen voidessani antaa ne sinulle! Mutta salli minulle aikaa yksi päivä - ainoastaan yksi päivä. Minun on suoritettava erityinen rituaali ennen kuin voin luovuttaa ne sinulle.' Nähdessään epäluuloisen ilmeen hallitsijan kasvoilla bramiini jatkoi: 'Älä ole huolissasi, halutessasi voit jättää armeijasi tänne. Sotilaasi voivat pitää minua silmällä, aikomukseni ei ole paeta. Ole ystävällinen ja palaa takaisin huomenna aamulla. Minun täytyy suorittaa tämä rituaali ennen Vedojen luovuttamista.'

Hallitsija lähti, annettuaan joukko-osastolleen tarpeelliset ohjeet. Mutta mitä hän näkikään palattuaan seuraavana aamuna ja astuttuaan majaan! Hän näki brahmiinin ojentamassa neljännen Vedan viimeistä sivua uhrituleen laulaen samalla ääneen tuon sivun mantroja. Hänen neljä poikaansa istuivat tulen molemmin puolin brahmiini keskellään. Hallitsija oli hurjistunut. Hän raivosi bramiinille: 'Sinä olet pettänyt minut! Katkaisen kaulasi!' Säilyttäen tyyneytensä brahmiini vastasi: 'Teidän Korkeutenne, ei ole mitään syytä olla vihainen. Katso neljää poikaani. He ovat istuneet kuuntelemassa vierelläni koko yön laulaessani kaikki Vedat yksi kerrallaan. Kuten huomasit, olen juuri lopettanut neljännen ja viimeisen Vedan. Älä epäile, että olen pettänyt sinut tai pettänyt lupaukseni tuhoamalla Vedat. Usko tai älä, poikani osaavat nyt kaikki neljä Vedaa sanasta sanaan. He ovat kuunnelleet minua. He kykenevät toistamaan kaikki kirjoitukset unohtamatta sanaakaan. Ota poikani mukaasi, he kykenevät kertomaan tiedon sen alkuperäisessä puhtaudessaan.'

Hallitsija ei voinut uskoa sitä. Hän sanoi: 'Tämä on käsittämätöntä! Minä en usko sinua.' Silloin brahmiini pyysi poikiaan laulamaan Vedat, ja hallitsijan hämmästykseksi he lauloivat kaikki neljä Vedaa loistavasti tekemättä ainoatakaan virhettä. Älkää unohtako, että he olivat oppineet kaiken sen yhdessä yössä. He vain kuuntelivat tarkasti suurella rakkaudella isänsä laulamista ja se meni suoraan heidän sydämiinsä. Siten he kykenivät spontaanisti oppimaan kaiken ulkoa.

Mutta kuinka toisin asiat ovatkaan nykyisin. Opiskelijat opettelevat asioita toistamalla niitä lukemattomia kertoja ja silti saattavat unohtaa ne seisoessaan muiden edessä luokkahuoneessa. Ongelmana on pelko.

Maagikoilla, matemaatikoilla, tiedemiehillä, taidemaalareilla ja muilla on käytössään vain äärettömän pieni osa tuosta myötäsyntyisestä voimavarasta, joka on heissä luonnostaan. Vain pysyvästi *Atmaniin* vakiintunut mestari on kytkeytynyt tuohon meissä kaikissa olevaan, äärettömään voiman lähteeseen."

Äiti lopetti puhumisen ja mielentilan äkkiä muuttuessa hänen kasvonsa saivat viattoman lapsen ilmeen. Äiti kääntyi ympäri ja pyysi ikään kuin anellen klassisen koulutuksen saanutta *brahmacharinia* laulamaan laulun

Nilambuja Nayane.

Oi Äiti, sinisine lootussilminesi,

92

etkö kuule tämän surevan sydämen itkua?
Ovatko syynä jonkin menneen elämän teot,
että vaellan yksin?

Olen kulkenut ikuisuuksien ajan
ennen syntymistäni uudestaan tähän elämään.

Vedä minut lähellesi
äidillisesti halaten.
Salli minun käpertyä syliisi
kuin lapsi.

Oi Äiti, en saata ansaita Sinua,
mutta hylkäisitkö tämän lapsukaisen siitä syystä?
Tule ja pidä minua lähelläsi
kääri minut armahtavalla katseellasi.

Rentoutumisen tekniikka

Hetken hiljaisuuden jälkeen joku esitti toisen kysymyksen. "Mitä on rentoutuminen?"

Äiti: "Lapseni, rentoutuessasi unohdat kaiken. Syntyy tilaa ja mielesi tyhjentyy. Olettakaamme että istut puistossa rakastettusi vieressä. Puistossa tapahtuu paljon erilaisia asioita. Ihmiset juoruilevat tai keskustelevat viimeaikaisista poliittisista muutoksista, lapset leikkivät, nuoriso meluaa ja pitää hauskaa, mutta te istutte hiljaa nurkkauksessa tuijottaen toisianne silmiin, ettekä tiedä mitä ympärillänne tapahtuu. Kun kaikki ajatukset on pantu sivuun ja unohdettu, te täytytte rakkauden makealla tuoksulla ja sydän saa mahdollisuuden kukoistaa. Tuolla hetkellä kaikki pysähtyy, jopa sinä ja rakastettusi lakkaatte olemasta. On vain rakkaus. Tuolla hetkellä eilinen ja huominen eivät enää häiritse. Menneisyyden ja tulevaisuu-den hävitessä rakkaus nousee esiin ja tuon rakkauden vuoksi todellisen rentoutumisen kokeminen on mahdollista.

Samalla tavalla unohdat rentoutuessasi kaiken muun ja jos tuolla unohduksen hetkellä suuntaat kaiken energiasi johonkin kohteeseen sisäistät aiheen vaivattomasti. Tuolla hetkellä koko olemuksesi on täysin avoin - jokainen atomi, jokainen solu kehossasi ottaa aiheen vastaan ja omaksuu sen. Tätä menetelmää *rishit* käyttivät opettaessaan oppilaitaan. He saivat oppilaansa unohtamaan kaiken ja rentoutumaan. Tuossa rakkauden ja avoimuuden ilmapiirissä kaikki heidän aiemmat ehdollistumansa unohtuivat.

Oppilaat, jotka opiskelivat *gurukulissa*, tulivat kaikista yhteiskuntaluokista, kuninkaallisesta prinssistä kaikkein köyhimmän miehen poikaan. Kaikki opiskelivat samassa luostarissa, saman mestarin opastuksella. Tavallisesti sellaisessa tilanteessa olisi lukuisia mahdollisuuksia kaikenlaisten ryhmittymien ja kiistojen syntymiseen. Voitteko kuvitella, että kaikki nuo lapset, jotka tulivat täysin erilaisista olosuhteista erilaisine asenteineen, kykenivät asumaan luostarissa, jossa olosuhteet olivat tavallisesti hyvin askeettiset? Heidän elämänsä oli kovaa. Useimmat luostarit sijaitsivat noina aikoina kaukana kaupungeista ja kylistä. Mestari ei koskaan kohdellut oppilaitaan eri tavalla, ei koskaan antanut prinssille erillistä, kauniisti kalustettua makuuhuonetta hänen tarpeistaan huolehtivine palvelijoineen, eikä hän myöskään laittanut köyhän miehen poikaa tunkkaiseen, pölyiseen, tulitikkulaatikon kokoiseen majaan. Ruoassa, asunnossa tai vaatteissa ei ollut eroja. He söivät samaa ruokaa, nukkuivat samalla lattialla ja kaikki käyttivät yksinkertaisia vaatteita. Ei ollut eroa prinssin, ministerin, aatelisen eikä köyhän miehen pojan välillä, heidän kaikkien oli sopeuduttava elämään samalla yksinkertaisella tavalla ja tekemään paljon töitä. Siellä ei esiintynyt suosimista eikä puolueellisuutta. Sen sijaan oli paljon toistensa huomioonottamista, syvää rakkautta ja yhteenkuuluvuuden tunnetta.

Mestari oli heidän elämänsä kauneuden ja viehätyksen lähde. Hänen läsnäolonsa auttoi oppilaita unohtamaan erilaiset lähtökohdat, elämään yykseydessä ja vastaanottamaan tietoa, jota mestari jakoi.

Siispä, lapseni, pitäkää mielessänne, että vain rakkaus ja rentoutuminen mahdollistavat kasvun, mutta valitettavasti käsityksemme todellisesta kasvusta on muuttunut. Luulemme, että kasvu on jotakin ulkoista. Rikkaaksi tulemista, useiden autojen, talojen, osakkeiden ja mahdollisimman suuren omaisuuden hankkimista. Silloin ihmiset sanovat: 'Hän on kohottanut elämän laatuaan valtavasti!' Siten me arvioimme kyseistä henkilöä. Kuvittelemme hänen kehittyneen, mutta onko se todellista kasvua? Kasvu ei ole mahdollista niin kauan kun olemme hajaantuneita sisäisesti. Ihmiskunnan enemmistö on jakaantunut ulkoisesti ja sisäisesti. Kuinka voi tapahtua todellista kasvua yksilössä tai yhteiskunnassa niin kauan kun ei ole rakkautta eikä ykseyden tajua?

Rakkaus synnyttää yhteenkuuluvuuden tunteen, joka mahdollistaa todellisen kasvun. Maito, joka virtaa äidin rinnasta, ravitsee lasta ja antaa keholle lujuutta ja elämänvoimaa mahdollistaen, että kaikki elimet kehittyvät terveinä ja oikeassa suhteessa. Mutta äidin rinnasta kyseessä ei virtaa pelkästään maito, vaan myös äidin lämpö, rakkaus ja hellyys maidon muodossa. Samalla tavalla rakkaus on 'rintamaitoa', joka auttaa yhteiskuntaa kokonaisuudessaan kasvamaan. Rakkaus antaa välttämättömän vahvuuden ja elämänvoiman, joka auttaa yhteiskuntaa kasvamaan eheyksi."

ॐ

7. luku

Kaikkeuden Äiti

Kello oli viisi iltapäivällä. Äiti seisoi navetan edessä *brahmacharien*, *brahmacharinien* ja vierailevien perheellisten oppilaiden ryhmän keskellä. Lehmät olivat liekaan sidottuina navetan ulkopuolella ja eräs *brahmachari* kuljetti niitä navettaan. Hänen aikoessaan irrottaa viimeistä lehmää Äiti sanoi hänelle: "Poikani, odota hieman." Lähestyessään lehmää hän hymyili ja laskeutui yllättäen maahan käsiensä ja polviensa varaan kuin pieni lapsi alkaen juoda maitoa suoraan lehmän utareista. Lehmä seisoi hyvin hiljaa todella autuaallisen näköisenä. Äidin juodessa jokaisesta utareen vetimestä, ne täyttyivät yhä uudestaan maidosta. Äiti oli hyvin suloisen ja viattoman näköinen maidon valuessa hänen poskiaan pitkin.

Ne, jotka katselivat tätä ainutlaatuista näkyä, olivat syvästi liikuttuneita, koska se muistutti heitä Krishnan lapsuuden ajan tarinoista. Lehmän on täytynyt kerätä paljon ansioita saadessaan mahdollisuuden ruokkia kaikkeuden Äitiä suoraan utareistaan.

Lopulta Äiti nousi ylös, pyyhki kasvojaan pyyheliinalla ja suuteli lehmää hellästi. Hän sanoi: "Lapset, tämä lehmä on odottanut jo kauan, että Amma joisi sen utareista, se halusi sitä kovasti."

Yksi oppilaista sanoi tunteikkaasti: "Amma, sinä olet todella kaikkeuden Äiti. Sinä ymmärrät koko luomakunnan tunteet ja ajatukset ja toimit sen mukaisesti."

Äiti käveli kohden navetan takaosaa. *Brahmachari* päästi lehmän vapaaksi ja vei sen navettaan. Se käänsi päätään Äitiä kohden ja katseli häntä.

Äiti sanoi: "Lapset, kerran oli aika, jolloin kaikki, jopa Amman vanhemmat, olivat häntä vastaan ja hylkäsivät hänet hänen epätavallisten tapojensa takia. Silloin linnut ja eläimet huolehtivat hänen tarpeistaan. Koiralla oli tapana tuoda Ammalle ruokapaketteja jostakin. Joskus Amma istui syvässä *samadhissa* useita päiviä yhteen menoon. Hänen palattuaan tuosta tilasta lehmä tuli hänen luokseen ja jäi seisomaan hänen eteensä sellaiseen asentoon, että Amma pystyisi juomaan niin paljon kuin halusi suoraan sen utareista. Eräällä kotkalla oli tapana tuoda Ammalle kalaa, jonka hän söi raakana. Lapset, ollessanne yhtä luomakunnan kanssa ja kun sydämenne on täynnä yksinomaan rakkautta ja vain sitä, koko luonto on ystävänne ja palvelee teitä. Teidän itsekkyytenne ja ahdas-mielisyytenne pitää teidät erillään luonnosta.

Äiti seisoi nyt navetan takana. Huomatessaan tankin, johon kerättiin lehmien virtsat, jo vuotavan yli hän sanoi: "Lapset, Amma on hämmästynyt huomatessaan, ettei kukaan teistä ole ryhtynyt tyhjentämään tankkia." Sitten Äiti kutsui *brahma-charin*, joka oli vastuussa lehmistä ja kysyi: "Etkö huomannut sitä? Eikö sinun tehtäväsi ole huolehtia siitä, että navetta ja sen ympäristö pidetään siistinä? Lapset, sillä, mitä te teette, ei ole merkitystä. Tärkeätä on, kuinka te sen teette. Jos ette tee työtänne rakkaudella ja paneudu työhönne, kuinka voitte kehittyä henkisesti? Amma ei halua sanoa paljon. Lapset, teidän tulisi opetella tekemään asiat mielellään ja oma-aloitteisesti, pyytämättä." Sanottuaan tämän Äiti alkoi itse tyhjentää tankkia sangolla. Nähdessään tämän koko ryhmä astui eteenpäin. Aluksi he pelkäsivät lähestyä Äitiä ajatellen, että hän olisi vihainen eikä sallisi heidän auttaa. Mutta Äiti ei sanonut mitään. He pitivät tätä vihjeenä ja hakivat lisää sankoja alkaen auttaa, ja muutamassa minuutissa tankki oli tyhjä. Työn ollessa valmis Äidin puku oli lian peitossa. Mutta Äiti ei välittänyt. Hän tarttui luutaan, joka oli nurkassa, ja alkoi lakaista navetan ympäristöä. Vaikka jokainen aneli saada tehdä sen, hän jatkoi lakaisemistaan kunnes koko paikka näytti puhtaalta.

Oli illan *bhajanien* aika. Äiti meni huoneeseensa ja palasi takaisin muutamia minuutteja myöhemmin antaen jokaiselle mahdollisuuden täyttyä hänen sielukkaan laulunsa autuudesta.

Pelko tukkii spontaaniuden

Bhajanien päätyttyä Äiti vastasi jälleen ystävällisesti joihinkin kysymyksiin. Oppilaat olivat ilahtuneita saadessaan tilaisuuden näin kytkeytyä tuohon viisauden loppumattomaan tiedon lähteeseen.

Kysymys: "Amma, sanoit tässä eräänä päivänä, että ollessamme pelon kahlitsemia emme kykene rentoutumaan ja siitä syystä emme onnistu ilmaisemaan itseämme spontaanisti. Mikä aiheuttaa tuon pelon?"

Äiti: "Ajatus siitä, mitä toiset ajattelevat meistä, aiheuttaa tuon pelon. Se johtuu pelosta tulla tuomituksi. Ongelmana on erillisyyden tunne. Niin kauan kun on pelkoa, teidän sydämenne on sulkeutunut ja sulkeutunut sydän ei pysty ilmaisemaan itseään.

Otetaan esimerkiksi oppilas, jota on pyydetty lausumaan runo luokan edessä. Hän opettelee runon toistamalla sitä yksin kotonaan, mutta yrittäessään toistaa sitä myöhemmin toisten edessä, hänet valtaa pelko - arvostelun pelko. Hänet valtaa ajatus, mitä hänen ystävänsä ja opettajansa ajattelevat, jos hän tekee virheen ja niin hän yhtäkkiä unohtaa kaiken oppimansa.

Yksin huoneessaan suljettujen ovien takana oppilas on rentoutunut ja rohkea. Toisten keskellä hän ei kuitenkaan pysty rentoutumaan. Ajatus siitä, että he tarkkailevat häntä ja että he saattavat tuomita ja arvostella häntä, synnyttää esteen hänessä ja hän kadottaa kyvyn ilmaista itseään. Erillisyyden tunne synnyttää tuon pelon ja tukkii innoituksen ja ilmaisukyvyn virtaamisen. Erillisyyden tunteen tulisi kadota voidaksemme ilmaista itseämme kokonaisvaltaisesti. Meidän tulisi oppia olemaan aina yhtä rentoutuneita kuin olemme oman huoneemme yksinäisyydessä.

Laulaja voi laulaa kauniisti unohtaessaan itsensä ja yleisönsä, ja sydämen vangitseva taulu syntyy vain taiteilijan unohtaessa itsensä ja kaiken muun, jopa maailman. Kaiken erillisyydentunteen on kadottava voidaksenne ilmaista lahjakkuuttanne sen kaikessa täyteydessä ja kauneudessa. Erillisyyden tunne estää sydäntänne laulamasta. Amma tuntee erään pojan, joka on hyvin lahjakas laulaja. Hänellä on suurenmoinen ääni, mutta yrittäessään laulaa toisten edessä, hän epäonnistuu täysin ilmaisemaan lahjakkuut-taan. Hän vapisee, hikoilee ja laulaa nuotin vierestä. Poika parka! Arvostelun pelosta hänen mielensä valtaavat ajatukset: 'Kuinka voin laulaa kaikkien näiden ihmisten edessä? Miellyttääkö lauluni heitä? Pystynkö laulamaan hyvin? Jos en, mitä he ajattelevat minusta?' Laulaminen yleisön edessä käy silloin mahdottomaksi.

Katselkaa *mahatmaa*. Aina halutessaan hän voi ilmaista koko olemustaan kauniisti ja viehättävästi. Hänellä ei ole minkäänlaisia ehdollistumia. Hänellä ei ole erillisyyden tunnetta ja hän on peloton. Hän voi liikkua ja mennä toisten pariin vapaasti milloin tahansa ja missä tahansa. Kuinka se on mahdollista? Se on mahdollista, koska hän pitää jokaista omana Itsenään. Hänelle on olemassa vain Itse."

Kuulosti siltä kuin Äiti olisi puhunut itsestään. Henkilö, joka tarkkailee Äitiä, huomaa pian kuinka vapaasti Äiti menee ihmisten pariin ja spontaanisti sopeutuu erilaisiin tilanteisiin tuntematta vähäisintäkään vierautta. Kukaan ei ole hänelle vieras, eivätkä ihmiset myöskään koe häntä millään tavoin vieraaksi. Se auttaa ihmisiä avautumaan ja ilmaisemaan tunteensa Äidille. He kokevat, että Äiti on heille hyvin läheinen, että hän on juuri heidän. Ja se on totta, kukaan ei ole meitä lähempänä kuin Äiti, sillä hän on oma sisäinen Itsemme. Hänessä ei ole erillisyydentunteen häivääkään. Olemalla kaiken pelon ulottumattomissa Äiti voi ilmaista kaikissa tilanteissa koko olemustaan.

Yksinäisyys ja sisäinen yksin oleminen

Kysymys: "Mikä ero on yksinäisyyden ja sisäisen yksin olemisen välillä?"

Äiti: Sisäinen yksin oleminen auttaa teitä rentoutumaan. Sillä ei ole mitään tekemistä yksinäisyydentunteen kanssa. Voitte tuntea yksinäisyyttä ollessanne ajatusten ja tunteiden vallassa. Olettakaamme, että elätte onnellista perhe-elämää, työpaikkanne on kotinne lähellä ja vietätte mielellänne aikaa perheenne parissa. Yllättäen toimistonne lähettää teidät kahdeksi vuodeksi ulkomaille. Teidän on lähdettävä välittömästi, ettekä voi ottaa perhettä mukaanne. Lähdette kotoanne ja asetutte asumaan uuteen paikkaan. Saavuttuanne sinne tunnette olonne äärimmäisen surulliseksi. Vaikuttaa kuin olisitte kadottaneet kaiken tarmonne ja innostuksenne. Ajattelette lakkaamatta vaimoanne ja lapsianne. Ero perheestänne tekee teistä yksinäisiä ja mitä enemmän kaipaatte perhettänne, sitä haavoittuvampia teistä tulee. Tuntiessanne itsenne yksinäisiksi olette tunteen tasolla, poissa tolaltanne ja teistä tulee haavoittuvia mielenne orjia. Tuossa tilassa olette helposti olosuhteiden uhri ja sen seurauksena kadotatte mielenrauhanne. Yksinäinen ihminen on levoton eikä pysty olemaan rauhallinen ja onnellinen. Yksinäisyydellä on sellainen vaikutus.

Sisäinen yksin oleminen on jotain, joka tapahtuu syvällä sisimmässänne. Se saa teidät tuntemaan tyytyväisyyttä ja rauhaa kaikissa tilanteissa. Olittepa yksin tai ihmispaljouden keskellä vieraassa maassa, erilaisessa kulttuuriympäristössä tai erikielisten parissa, olette silti suunnattoman onnellisia ja ilmaisette itseänne spontaanisti. Sellainen henkilö, joka on oppinut nauttimaan tästä sisäisestä yksin olemisesta, on tunnetilojensa herra. Hän ei koskaan tunne alakuloisuutta tai tyhjyyttä. Mikään ei voi tässä tilassa estää hänen sydämensä elämänhalun spontaania ilmentämistä.

Mutta ollessanne mielenne orjuuttamia tunnette itsenne yksinäisiksi. Sisäinen yksin oleminen on tila, johon päädytte, kun hallitsette mielenne ja menette sen tuolle puolen. Yksinäisyys on ulkoista. Se liittyy mieleen ja kehoon. Yksin oleminen on sisäistä, se liittyy Itseen. Yksinäisyydentunne on seurausta riippuvuudesta. Se hukuttaa teidät pimeyteen ja suruun. Sisäinen yksin oleminen tuo valoa ja rakkautta elämäänne.

Sisäinen yksin oleminen ei ole eristäytymistä. Ollessamme kuvankauniissa paikassa, kaukana ihmisistä, olemme eristyneitä. Mutta tuon kaltaisessa yksinäisyydessä saatamme edelleenkin olla levottomia, jos emme ole vielä saavuttaneet sisäistä yksin olemisen tilaa.

Tunnette yksinäisyyttä ollessanne jännittyneitä ja levottomia. Kun taas ollessanne sisäisesti yksin olette rentoutuneita ja vapaita kaikista jännitteistä. Yksinäisyyden tunne sulkee sydämenne ja estää kaikki itseilmaisun mahdollisuudet. Sisäinen yksin oleminen auttaa teitä avautumaan täysin ja ilmaisemaan itseänne luonnollisesti ja spontaanisti. Yksinäisyyden tunne on merkki siitä, että ihminen on sidoksissa maailmaan ja sen kohteisiin, sekä haluihinsa. Sisäinen yksin oleminen on merkki sielusta, joka on vapautunut kaikista haluista, maallisista kohteista ja niiden tuomasta mielihyvästä.

Kysymys: "Kuinka tuo sisäinen yksin oleminen voidaan saavuttaa? Kuinka voimme vapautua kaikista peloistamme ja erillisyyden tunteistamme?"

Äiti: "Se on mahdollista vain meditoinnin avulla. Voidessamme tuntea täydellistä rentoutuneisuutta ja saavutettuamme lopuksi täydellisen yksin olemisen tilan, menneisyys ja tulevaisuus eivät enää häiritse. Vain tämä hetki on olemassa, ja se teidän tulisi kokea. Meditointi on menetelmä, joka opettaa meille tässä hetkessä olemista.

Keskittymällä esimerkiksi muotoon, ääneen tai valoon opimme olemaan jatkuvasti sisäisessä yksin olemisen tilassa ja olemaan iloisia kaikissa tilanteissa. Omassa Itsessä, Itsen avulla ja Itsen vuoksi tyytyväisenä olemista kutsutaan sisäiseksi yksin olemiseksi. Kaikki henkiset harjoitukset tehdään sen vuoksi, että oppisimme olemaan sisäisesti yksin ja kohdistaisimme mielemme yhteen kohteeseen. Todellisuudessa meidän ei tarvitse olla riippuvaisia mistään ulkoisesta saavuttaaksemme onnellisuuden. Meidän tulisi kasvaa itsenäisiksi ja tulla riippuvaisiksi vain omasta todellisesta Itsestä, kaiken ilon todellisesta lähteestä. Todellisen mestarin läheisyys on paras paikka tämän sisäisen yksin olemisen kokemiseen.

Älkää sekoittako tätä sisäistä yksin olemisen tilaa ulkoiseen yksin olemiseen eristetyssä paikassa. Jollette ole hiljentäneet mieltänne, ette löydä tuota sisäistä yksin olemista vaikka istuisitte hiljaisessa, kauniissa luolassa Himalajalla tai eristettynä miellyttävässä metsässä. Jos mielenne on rauhaton, ette koe aitoa yksin olemista, vaan olette jatkuvasti mielen ja sen kielteisyyden kahleissa.

Kolme etsijää meni kerran vuorille tekemään ankaraa *sadhanaa.* Ennen lähtöään he vannoivat valan pitäytyä hiljaisuudessa kolme vuotta. Sitten kaikki kolme aloittivat ankarat pidättyvyysharjoitukset. Eräänä päivänä hevonen sattui kulkemaan ohitse. Kului melkein vuosi, kunnes eräs heistä eräänä kauniina aamuna huomautti: 'Se oli kaunis, valkoinen hevonen.' Siinä kaikki mitä hän sanoi. Enempää ei puhuttu sen jälkeen. Kului toinen vuosi, kun eräänä päivänä toinen mies äkkiä huomautti: 'Ei, se ei ollut valkoinen hevonen, se oli musta hevonen.' Eikä muuta sanottu. Jälleen vallitsi hiljaisuus kokonaisen vuoden. Kun kolme vuotta oli vihdoin kulunut, kolmas miehistä avasi suunsa ja sanoi: 'Olen saanut tarpeekseni! Minä lähden tästä paikasta heti! Teiltä kahdelta puuttuu itsehillintää ja te häiritsette myös toisia puheillanne.'

Kaikki nauroivat Äidin kertomukselle.

"Lapset, tuo sisäinen yksin oleminen voidaan kokea vain mielen ollessa hiljaa ja liikkumatta. Tuosta hiljaisuudesta puhkeaa rauhan ja autuuden kaunis kukka. Kun tuo yksin oleminen on kerran saavutettu, voitte olla aina uppoutuneena rauhan tilaan, olittepa missä tahansa tällä planeetalla tai jossain toisessa maailmassa, jopa alemmissa maailmoissa. Sillä ei ole merkitystä, oletteko fyysisesti yksin vai maailman meluisim-massa paikassa - te olette aina iloisia ja tyytyväisiä.

Satguru luo tilanteita, joiden avulla te löydätte tämän sisäisen yksin olemisen tilan sisältänne. Mestari ei opeta mitään, mutta hänen läheisyydessään hyödylliset tilanteet syntyvät spontaanisti. Tämä on mahdollista, koska mestari on 'Sen' ruumillistuma. Hän on luojana jokaisessa tilanteessa, joka auttaa teitä kasvamaan henkisesti. Mestari auttaa teitä sulkemaan aistienne ovet ja ikkunat. Teidän aistinne ovat ovia ja ikkunoita, joiden kautta vaellatte ulos sisäisestä Itsestänne. Te ette voi nähdä Itseä aistienne ovien ja ikkunoiden läpi. Todellisuudessa ette tarvitse niitä nähdäksenne Itsen. Olettakaamme teidän asuvan mitä ihanimmassa, kuvankauniissa paikassa. Olette talossanne ja äkkiä haluatte katsoa ulkopuolella olevaa kaunista maisemaa. Avaatte oven ja kävelette tuohon maisemaan tai pysyttelette sisällä ja katselette ulos ikkunasta. Mutta halutessanne katsoa itseänne, teidän ei tarvitse mennä ulos. Voitte sulkea oven ja kääntyä pois, koska tiedätte, että ette ole löydettävissä jostakin ulkopuolelta, sillä te olette sisäpuolella. Tarvitsette aistien väylän voidaksenne kokea ulkopuolisen maailman, mutta noiden aistien avulla ette voi kokea sisäistä Itseä, sillä tuo Itse ei ole löydettävissä maailmasta itsenne ulkopuolelta. Emme voi havaita Itseä silmillä tai kokea sitä minkään muunkaan aistin avulla, koska aistit on suunnattu ulospäin, poispäin Itsestä. Jos toivotte näkevänne Itsen, teidän on tultava sokeiksi: teidän on suljettava ovet ja lopetettava huomionne suuntaaminen ulospäin, koska Itse on sisäpuolella. Kuitenkin kerran havaittuanne todellisen luontonne, sisäisen Itsen, voitte mennä ulos aistienne ovien kautta niin usein kuin haluatte. Ette enää näe moninaisuuden maailmaa, vaan kaikki on muuntunut yhdeksi kokonaisuudeksi. Teidän on kuitenkin tultava sokeiksi moninaisuuden maailmalle, jotta tämä tapahtuisi. Kun olette tulleet sokeiksi ulkopuoliselle maailmalle, vaikka silmänne olisivat auki, teissä kehittyy jumalallinen, sisäinen silmä, uusi näkemys, äärettömän tiedon ja viisauden kolmas silmä. Juuri sen te näette *mahatman* silmissä.

Meditointi on menetelmä, joka sallii teidän sulkea aistien ovet ja ikkunat, niin että voitte katsoa sisällenne ja nähdä Itsen. Kuitenkin todellinen meditaatio voidaan kokea vain satgurun läheisyydessä. Todellinen mestari on jatkuvassa meditaation tilassa, vaikka te näette hänen olevan fyysisesti aktiivinen. Hänen läsnäolonsa edistää parhaiten Itsen esiin pääsemistä. Hänen läheisyydessään teidän on mahdollista saavuttaa tuo sisäinen yksin oleminen ja päästä vapaaksi kaikista peloistanne ja erillisyyden tunteista."

Äiti piti tauon ja yön hiljaisuudessa hän alkoi laulaa laulua

Nilameghangale

Oi siniset pilvet!
Kuinka te saitte tänään
tuon sinitaivaan sävyn,
Vrindavan Nandan lapsen
viehättävän tummansinisen sävyn?

Tapasitteko lapsen,
Kannan Krishnaksi kutsutun?
Puhuitteko toistenne kanssa
ja vaihdoitteko hymyn?
Hyväilikö Hänen silmiensä katse,
sininen kuin lootuskukka
teitä päästä varpaisiin?

Kertoiko Kannan teille
milloin Hän ilmestyy minulle?
Kertoiko Hän, että Hän toivottaisi
minutkin tervetulleeksi?
Lähettikö Hän
teidän kauttanne lohduttavia sanoja
tyynnyttämään mieleni?

Oma ponnistelu Satgurun läheisyydessä

Kuullessaan Äidin laulavan oppilaita alkoi tulla ulos majoistaan ja kerääntyä hänen ympärilleen. Laulun päätyttyä Äiti istui hiljaa katsellen kuun valaisemaa kaunista taivasta lukemattomine tuikkivine tähtineen. Hetken kuluttua esitettiin toinen kysymys.

"Amma, kuulostaa siltä, että kaikki vain yksinkertaisesti tapahtuu todellisen mestarin läheisyydessä, ilman omaa ponnistelua meidän osaltamme. Eikö oma yritys ole kuitenkin välttämätöntä sisäisen näön avautumiseksi?"

Äiti: "Lapset, jopa oma yritys tapahtuu spontaanisti mestarin läheisyydessä, jos teillä on oikea asenne, usko ja ymmärrys. Oma ponnistelu tapahtuu huomaamattanne johtuen mestarin luomasta tilanteen intensiivisyydestä. Kuten nuppu avautuu kauniiksi, tuoksuvaksi kukaksi, myös te koette avautuvanne luonnollisesti ja spontaanisti *Satgurun* läheisyydessä.

Tottakai sellainen asia kuin oma yrittäminen on olemassa, mutta jotta se tuottaisi toivotun hedelmän, meidän on tiedettävä, mitä tulee tehdä ja kuinka se tulee tehdä. Ainoastaan täydellinen mestari voi lahjoittaa tuon tiedon meille. Olemalla jatkuvasti mestarin seurassa me tulemme sen tietämään, ja jatko on helppoa. Te luulette, että vapautuksen saavuttamiseksi on tehtävä jotakin, mutta gurun ja oppilaan välisen suhteen idea on siinä, että oppilaan sallitaan havaita, ettei mitään ole tehtävissä, sillä *moksha* (vapautus) ei tule teille tai teihin mistään ulkopuolelta. Päinvastoin se on olennainen osa teitä. Se on jotain, mitä te jo olette.

Mieli tai menneisyys ei ole ongelma, ongelmana on, että samastutte mieleenne ja menneisyyteenne. Ongelmana on mieletön takertumisenne tunteeseen 'minä ja minun'. Opittuanne takertumattomuuden taidon, opittuanne olemaan tarkkailija, tapahtuu muutos siinä tavassa, miten näette kaiken.

Amma on kuullut seuraavan tarinan, joka käy esimerkkinä. Tehtaassa on tulipalo ja tehtaan omistaja on onneton. Hän itkee ja parkuu kuin mielipuoli: 'Kaikki tuhoutuu, koko omaisuuteni, kaikki mitä olen ansainnut kovalla työllä on menetetty. Olen tuhon oma!' Sitten hänen luokseen tulee yhtäkkiä ystävä, joka sanoo: 'Miksi sinä itket noin epätoivoisesti? Etkö tiedä, että poikasi myi eilen tehtaasi? Se ei ole enää sinun!' Tilanne ei ole muuttunut, tehdas on yhä tulessa, mutta mies lakkaa välittömästi parkumasta. Palo hänen sisällään on ohi. Hän pyyhkii kyyneleensä ja hymyilee helpottuneena. Juuri silloin hänen poikansa saapuu ja sanoo hänelle: 'Isä, miksi seisoskelet tekemättä mitään? Etkö näe, että tehdas palaa? Miksi et tee mitään?' Isä vastaa: 'Miksi tekisin? Sinähän myit tehtaan.' Mutta poika vastaa hänelle: 'Ei, isä, me emme myyneet tehdasta eilen, koska jotain meni vikaan viime hetkellä ja kauppaa ei tehty.' Heti kun isä kuulee uutisen, hän on jälleen epätoivon partaalla ja parkuminen jatkuu.

Palava rakennus ei ole hänen kärsimyksensä syy. Todellinen syy on hänen kiintymyksensä rakennukseen. Ajatus siitä, että tehdas on hänen ja myöhemmin, että tehdas ei enää ole hänen, synnyttää täysin vastakkaiset mielentilat. Alkutilanteen kauhu ja epätoivo muuttuvat onnellisuuden ja helpotuksen tunteeksi ja taas takaisin epätoivoksi. Ulkoinen tilanne ei ole muuttunut tehtaan palaessa koko ajan - muutokset tapahtuvat hänessä. Kuullessaan, että tehdas on myyty, hän irrottautuu kiintymyk-sestään ja ainoastaan tarkkailee tehtaan palamista. Mutta uutinen siitä, että tehdasta ei olekaan myyty, synnyttää uudestaan kiintymyksen, joka hukuttaa hänet takaisin suruun.

Luovuttuanne kiintymysten tunteista olette aina rauhallisia. Lakatkaa samastumasta mielenne luomaan maailmaan, silloin edessänne avautuu uusi maailma. Saatatte edelleenkin omistaa suuren talon, kauniin auton ja muita mukavuuksia, mutta todellisuudessa ette omista mitään. Jos ette anna minkään elottoman esineen hallita elämäänne, te hallitsette niitä.

Älkää luulko, että menneisyyden muistot katoavat saavutta-essanne täydellisyyden tilan. Ei, muistot ovat edelleenkin tallessa, mutta te ette enää koskaan samastu niihin. Kun samastumisenne menneisyyteen lakkaa, menneisyydestä tulee pelkkä muistojen varasto. Ajatelkaa menneisyyden olevan muistojenne varasto, ei suinkaan paikka, jossa elätte. Kun tarvitsette jotakin menneisyy-destä, voitte pistäytyä siellä ja noutaa tarvitsemanne. Ja heti kun olette löytäneet sen, poistutte sieltä, ette jää sinne asumaan. Tämä teidän täytyy ymmärtää. Älkää kuluttako elämäänne menneisyy-den varastossa, sillä se ei ole kotinne. Tulkaa sieltä ulos elämään valossa, rakkaudessa ja vapaudessa, sillä sinne te kuulutte. Tämä on todellisen mestarin sanoma. Opitte sen vain olemalla hänen läheisyydessään. Missään muualla maailmassa sitä ei ole mahdollista oppia."

ॐ

8. luku

Työnteko palvonnan muotona

Uuden rukoushallin betonin valaminen oli alkanut varhain aamulla. Melkein kaikki ashramin vakituiset asukkaat työskentelivät ahkerasti kantaen betonia suurissa metallisissa astioissa. He muodostivat ketjuja, joissa betoniastiat kulkivat toiselta toiselle. Heti kun työnteko oli aloitettu, Äiti saapui työmaalle osallistuakseen siihen. Br. Balu vetosi häneen sanomalla: "Amma, tämä on betonin valamista. Älä tule tekemään tätä, ole kiltti! Miksi huolehdit, täällä on niin paljon ihmisiä työskentelemässä? Amma, betoni polttaa ihosi, kun sitä roiskuu päällesi."

Äiti vastasi: "Se polttaa myös sinun ihosi, ei ainoastaan Amman."

Mutta Balu oli peräänantamaton: "Amma, ole kiltti, älä tule! Me haluamme tehdä tämän työn."

Äiti hymyili hänelle ja sanoi: "Poikani, Amma on onnellinen tehdessään mitä työtä tahansa. Hyvin nuoresta lähtien Amman oli työskenneltävä ankarasti. Hänen kehonsa ei koskaan saanut levätä. Älä ole huolissasi."

Myös monet muut yrittivät saada Äidin luopumaan, mutta heidän vetoomuksensa kaikuivat kuuroille korville. Säteilevästi hymyillen Äiti kietoi kankaan päänsä ympärille ja alkoi työskennellä lastensa rinnalla. Hän nosti betonilla täytetyn metallisen astian päänsä päälle ja alkoi kantaa sitä.

Kaikkien ollessa täysin syventyneenä työhön betonilla täytetty astia lipsahti yllättäen erään *brahmacharin* käsistä ja putosi maahan. Onneksi hän ehti astua taaksepäin, niin ettei hän loukannut jalkojaan. Mutta sementtiä roiskahti Äidin kasvoille. *Brahmachari* sanoi: "Amma, anna anteeksi, etten ollut tarkkaavainen." Äiti hymyili hänelle ja sanoi: "Älä hätäänny! Tämä kuuluu pelin henkeen." Äiti pyyhki kasvojaan pyyheliinalla, jonka eräs *brahmachari* ojensi hänelle, ja jatkoi työskentelyään. Tehdessään työtä Äiti lauloi: *"Om Namah Shivaya"*, johon kaikki osallistuivat kuorossa. Tätä seurasi toinen laulu

Adiyil Parameswariye

Oi alkulähde, korkein Jumalatar,
oi kaikkien maailmojen Äiti
minulla ei ole muuta päämäärää tässä maailmassa
kuin Äiti.

Oi Äiti, kauniine silminesi,
sinilootuksen terälehtien kaltaisine silminesi,
Sinä olet kolmen maailman ylläpitäjä.
Oi lootuskukka Mayan asukas,
Sinä ihana
kaiken alkulähde,
vapauta minut suruista.

Oi Sinä armahtavainen
ahneuden tuhoaja,
joka opastat meitä
sielunvaellusten maan läpi,
suojele minua.
Oi Äiti, antaumuksen ja vapautuksen antaja,
oi Katyayani, laajalti kuuluisa,
minä kumarran Sinua.

Oi maan Jumalatar,
viisaus ja tieto,
ainoa ilo ja ainoa ravinto,
Sinä olet kaiken alullepanija.

Oi kaikkien halujen täyttäjä,
pyydän, vapauta minut ylpeydestäni,
tule mieleeni asumaan ja vapauta minut haluistani.

Äiti seisoi paahtavassa auringossa. Erään oppilaan yrittäessä pidellä auringonsuojaa hänen päänsä päällä Äiti kieltäytyi rakastavasti ja siirtyi kauemmaksi sanoen: "Ei, ei! Kuinka Amma voisi käyttää auringonsuojaa hänen kaikkien lastensa työskennellessä auringossa?" Lämpötilan kohotessa hikipisarat loistivat Äidin kauniilla kasvoilla. Hän oli työskennellyt viimeiset kaksi tuntia yhteen menoon, mutta hänen hymynsä ei sammunut hetkeksikään. Hän pyyhki kasvonsa pyyheliinalla ja sanoi: "Lapset, kun työskentelette, yrittäkää tuntea Jumalan läheisyys kaikkialla. Voitte kuvitella kaikkien niiden, jotka työskentelevät kanssanne, olevan jumalallisuuden kipinöitä. Jumala kantaa hiekkaa, Jumala ojentaa sementtiä Jumalalle. Muuraustyö sekä ihmiset, jotka sekoittavat hiekkaa, metalliset astiat, kaikki on jumaltietoisuuden läpäisemää. Yrittäessänne työskennellä tällä tavoin ette kuluta aikaanne turhaan."

Äiti jatkoi työskentelyä. Eräässä vaiheessa hän pani metallisen astian maahan. Hänen päähänsä oli kiedottu vaatekappale kuin turbaani. Hän oli niin viehättävän ja suloisen näköinen, että jotkut asukkaat lakkasivat työskentelemästä vain katsellakseen Äitiä ja heidän kasvonsa syttyivät hymyyn.

Juuri silloin ryhmä nuoria miehiä, jotka olivat Äidin pitkäaikaisia oppilaita, saapui tapaamaan Äitiä. Heidän kanssaan saapui joitakin uusia ihmisiä. Äiti otti turbaanin päästään ja käveli heidän kanssaan kohti meditaatiohallin edustaa. Br.Balu ja kaksi muuta *brahmacharia* liittyivät ryhmään tietäen, että Äiti varmasti keskustelisi henkisistä asioista tiedonhaluisten ja vilpittömien nuorten kanssa.

Kumarruttuaan kunnioittavasti Äidin edessä eräs nuori mies sanoi: "Amma, vaikuttaa siltä kuin olisit työskennellyt pitkään, olet varmasti väsynyt." "Poikani", Amma vastasi, "Tunnet väsymystä vain silloin, kun toiminnassasi ei ole rakkautta. Työskennellessänne rakkaudella ette väsy, ettekä kyllästy." Heidän keskusteltuaan jonkin aikaa eräs uusista tulokkaista esitti Äidille kysymyksen.

Jumalallisuutenne säilyy muuttumattomana uskostanne riippumatta

Kysymys: "Amma, olen kuullut, että henkisen kasvun edistämiseksi suositellaan egosta luopumista, mutta onko siitä mitään hyötyä? Minun mielestäni ego on hyödyllinen, ei suinkaan hyödytön. Tämä kaunis maailma on olemassa, koska meillä on ego. Jos maailma katoaa egon tuhoutuessa, minä ainakin pidän kiinni egosta. Jos voin valita, pidän egoni, en luovu siitä."

Äiti: "Poikani, ketään ei voida pakottaa luopumaan egostaan. Kukaan ei halua luopua egostaan - se on jokaiselle kallisarvoinen. Saavutettuasi egottoman tilan maailma ei kuitenkaan katoa, vaikka luulet niin. Maailma jatkaa olemistaan, mutta sinussa tapahtuu muutos. Jotain paljastuu ja alat ihmetellä viattoman lapsen tavoin kaikkea näkemääsi.

Kun oivallat Itsen, on ikään kuin koko maailmankaikkeus saavuttaisi oivalluksen, koska tuossa tilassa oivallat Itsen kaikkialla olevan luonteen. Näet ja koet Itsen kaikkialla. Kun alat ymmärtää, että kaikki on jumalallisen tietoisuuden läpäisemää, huomaat myös sen, että jokainen ihminen ja koko luomakunta on jumalallinen. Eroat muista ainoastaan siinä, että sinä tiedät sinun ja muiden olevan yhtä korkeimman Jumaluuden kanssa, ja muut eivät tiedä sitä. Kyseessä on vain totuuden paljastuminen.

Poikani, luovutpa egostasi tai et, jumaluus on sinun todellinen luontosi. Sitä ei voi muuttaa mikään. Jos välttämättä haluat sanoa: 'Minä olen ego, keho, mieli ja äly', se ei muuta asioita. Ymmärryksen puutteesi ei muuta vähääkään sinun todellista olemustasi. Se on kuin väitettäisiin maapallon olevan litteä eikä pyöreä. Muuttuuko maapallon muoto millään tavalla, jos hoetaan, että maapallo on litteä ja uskotaan siihen? Ei tietenkään. Samoin voit vapaasti uskoa,

että olet ego ja että ego on todellinen, mutta siitä huolimatta sinä olet, mitä olet, Itse (*Atman*). Sinun jumalallinen luontosi ei muutu tai himmene, vaikka et uskoisikaan siihen. Jos joku uskoo, että tuli on kylmä ja jää on kuuma, muuttaako se tulen kylmäksi ja jään kuumaksi? Ei, se olisi mahdotonta. Samoin on sinun ja todellisen luontosi laita.

Saatatte sanoa, että maapallon pyöreä muoto, tulen kuumuus ja jään kylmyys, ovat todistettuja asioita, kun taas Itse, todellinen luontomme on uskon asia. Poikani, ennen kuin todistettiin, että maapallo on pyöreä, se oli siihen asti perustunut uskoon, eikö ollutkin? Tiedemiehet olivat maapallon muodosta eri mieltä, ihmiset jopa uskoivat maapallon olevan litteä, kunnes myöhemmin todistettiin, että se on pyöreä. Mutta siihen saakka maapallon muoto säilyi salaperäisenä uskon asiana. Ennen kuin tiedemiehet kykenevät todistamaan mitään, he yksinkertaisesti vain uskovat. He työskentelevät oletettujen tosiasioiden pohjalta ja kun jotain on todistettu kokeilemalla, he julistavat sen todeksi. Joten kaikessa on kyse uskosta siihen saakka, kunnes saadaan välitön kokemus tai tieteellinen todistus.

Aivan kuten tiedemiehet ovat todistaneet erilaisia olettamuksia laboratoriokokeillaan, pyhimykset ja tietäjät, jotka ovat työskennelleet sisäisissä laboratorioissaan, ovat saaneet välittömän kokemuksen Itsestä, perimmäisestä todellisuudesta. Tämä ei ole yhden tai kahden henkilön kokemus ihmiskunnan historiassa, sen ovat kokeneet ympäri maapalloa kaikki ne, jotka ovat löytäneet sisäisen Itsen. Joten te ette voi kieltää sen luotettavuutta sanomalla, että se on vain uskon asia, eikä tosiasioihin perustuvaa tietoa."

Vain nuppu voi puhjeta kukkaan

"Älä päästä egoasi menemään, vaan pidä siitä kiinni, jos niin haluat. Kukaan ei pakota sinua luopumaan siitä, koska tässä asiassa pakko ei tuota tulosta. Sitä voidaan verrata kukan terälehtien avautumiseen. Nupun on avauduttava luonnolli-sesti, ilman ulkoisia pakotteita.

Vain luonnollinen kukinta voi tuoda esiin kukan kaiken kauneuden ja tuoksun. Mutta jos tulet kärsimättömäksi ja yrität väkisin avata terälehtiä, kukka kuolee. Jouduttaminen vain tuhoaa avautumisen sisäisen prosessiin.

Kun kukka on nupussa kauan, se kokee kiihkeän kaipuun avautua, puhjeta kukkaan ja tanssia riemukkaasti avoimessa tilassa raikkaiden tuulten puhaltaessa. Nupputila on kuin vankila. Vankeudessa oleminen kehittää vapauden kaipuun, se kehittää kiihkeän nälän rikkoa kahleet, murtautua ulos ja puhjeta kukkaan. Meidän on ensin koettava vankeutta ja rajoittuneisuutta tunteaksemme todellista vapauden riemua, sillä vain nuppu voi puhjeta kukkaan. Voimme todeta, että tämä on väistämätön laki. Ennen kuin kukka aukeaa, sen on käytävä läpi suljetun nupun kehitys. Tarve avautumiseen syntyy nuppuvaiheessa.

Samoin on sinunkin elämässäsi. Sydämesi suljettua tilaa kutsutaan egoksi. Jossakin vaiheessa ennen avautumistaan nuppu saattaa ajatella: 'Minä olen nuppu ja pidän nuppuna olemisesta. Tämä maailma on niin kaunis! Jos voisin valita, pysyisin mieluiten juuri tässä. Kerrotaan, että on olemassa huomattavasti korkeampi taso, joka tunnetaan kukkana ja joka on täynnä kauneutta ja tuoksua. Puhutaan minun värikkäistä terälehdistäni ja ihanasta tuoksustani, mutta minä en itse tiedä siitä mitään. Tunnen oloni mukavaksi ja turvalliseksi sellaisena kuin olen ja totta puhuakseni pelkään muuttumista...'

Voit pysyä siinä, missä olet ja väitellä niin paljon kuin haluat, mutta sitä ei kestä kauan. Nuppu tuntee pian olonsa epämukavaksi - hieman levottomaksi ja tukahtuneeksi - ja nämä tunteet alkavat voimistua. Tukehtumisen tuntu kasvaa ja samalla kehittyy sammumaton jano päästä vapaaksi. Hitaasti saavutat käännekohdan ja puhkeat täyteen loistoon.

Ego on sydämen nuppuvaihe. Koet samaa värinää kuin kukka: 'Tämä maailma on kaunis sellaisenaan. Pelkään, että tämä kaikki katoaa. Jos minulla olisi valinnan mahdollisuus, pitäisin kiinni egostani.' Saatat järkeillä tuolla tavalla, eikä siinä mitään. Mutta väitätpä vastaan kuinka paljon tahansa, tosiasia on, että olet potentiaalinen kukka. Jokainen yksittäinen nuppu on tuleva kukka. Se saattaa olla nyt nuppu, mutta se ei merkitse, etteikö siinä olisi tulevaa kukkaa. Muuttumaton tosiasia on, että jokaisessa avautu-mattomassa nupussa kukka odottaa avautumistaan. Saatat epäillä ja kieltää sen, mutta mitkään ajatuksesi eivät voi muuttaa tätä totuutta. Ajatuksesi ja epäilysi kuuluvat mielelle, mutta totuutta ei voi muuttaa. Totuus on aina totuus, kiistämätön ja muuttumaton.

Tavallaan on hyvä pysyä nuppuna niin kauan kuin mahdollista, koska mitä kauemmin olet egoon vangittuna, sitä enemmän kaipaat ulos pääsyä. Mitä pidempään olet vankilassa, sitä voimakkaammaksi kasvaa kaipuusi nauttia vapauden autuudesta. Mitä enemmän aikaa vietät egon kuoren sisällä, sitä nopeammin lopullinen ulos murtautuminen tapahtuu. Hyvä niin. Älä pidä kiirettä, pysy kuoressa ja jatka järkeilyäsi ja vastusteluasi niin kauan kuin haluat. Se on hyvä merkki ja tarkoittaa, että olet päässyt lähemmäksi.

Mutta pidä mielessäsi, että kukaan ei pakota sinua avautumaan väkisin, sinua ei voi pakottaa luopumaan egostasi. Jos valitset egoon ripustautumisen, sekin käy. Olet mieluummin nupun pimeässä maailmassa ja tunnet olosi siellä mukavaksi. Mielesi on tottunut suljetun nupun pimeyteen niin, että kaikessa tietämättömyydessäsi uskot pimeyden sisältävän kaiken tarvitsemasi valon. Et tiedä, että saamasi himmeä valo on vain muutamia säälittäviä valonsäteitä, jotka pääsevät tunkeutumaan nupun pikkuruisten halkeamien läpi. Se on kuin vankityrmän himmeä valo.

On kuin olisit ollut kauan aikaa vankilassa, ja tyystin unohtanut mitä todellinen valo on. 'Tämä vankityrmä riittää minulle', sanot itsellesi. 'Kirkkaampaa valoa kuin tämä ei ole olemassakaan. En halua mitään muuta.' Vaikka joku kertoisi sinulle loistavasta auringon valosta vankilan ulkopuolella, sanoisit: 'Ei, se ei voi olla totta.' Mutta aurinko on olemassa ja sen valo on totuus. Kuinka se voisi lakata olemasta vain siksi, että satut kieltämään sen? Ongelma on itsessäsi ja sillä ei ole mitään tekemistä auringon tai sen valon kanssa. Sinun on tultava ulos ja koettava valo. Tunnet kuitenkin olosi vankilassa turvalliseksi ja pelkäät astua ulos. Olet huolissasi, mitä saattaisi tapahtua, jos tulisit ulos. Huolesi on ymmärrettävissä, koska et tiedä mitään siitä, mikä odottaa vankilan ulkopuolella. Olet tilanteessa, jossa sinulla ei ole muuta tiedonlähdettä kuin jonkun sanat: 'Katsohan ystäväni, tuolla ulkopuolella on ihmeellinen, loistava maailma, joka on täynnä valoa, kauniita vuoria ja laaksoja, helmeileviä jokia ja kukoistavia puita. Siellä voi nähdä kuun ja lukemattoman määrän tuikkivia tähtiä. Tule mukaani, tiedän siitä kaiken, koska asun siellä. Tule ystäväni, autan sinua pääsemään vapauteen.' Sinun on vain luotettava ja uskottava häneen. Älä epäröi vaan ota muutamia rohkeita askeleita saadaksesi selville, mistä hän puhuu. Hän sanoo sinulle: 'Ystäväni, sinä et ole lainkaan vapaa, sinä istut vankilassa kahleisiin sidottuna. Seuraa minua, minä näytän sinulle polun, joka johtaa vapauteen. Tartu käteeni ja minä opastan sinut sinne.'

Mitään ei tapahdu, jos vastustelet ja sanot: 'Ei, se ei voi olla totta! Tämä vankila on kaunis maailma, haluan mieluiten olla täällä. Tämä valo on ainoa, joka on olemassa ja minun tietääkseni ei ole olemassakaan mitään sellaista kuin aurinko, kuu tai tähdet.'

Kuitenkin ennemmin tai myöhemmin vankila saa sinussa aikaan vaistomaisen halun ja kaipuun kokea vapauden autuutta. Jokainen ihminen kaipaa, tietoisesti tai tiedostamat-taan, vapautta ja rauhan tunnetta kaikissa olosuhteissa. Joten ulos murtautuminen tapahtuu väistämättä jossakin vaiheessa.

Itse luomamme egon kuori on murrettava auki, jotta sydän voisi ilmaista itseään täydellisesti.

Mutta ego voidaan murtaa vain rakkauden aiheuttamalla tuskalla. Aivan kuten taimi tulee esiin siemenen kuoren rikkoutuessa, samalla tavalla Itse paljastuu egon hajotessa ja kadotessa. Suotuisissa olosuhteissa siemenessä oleva potentiaa-linen puu alkaa tuntea olonsa epämukavaksi vankilaksi. Se alkaa kaivata valoa ja vapautta. Uinuvassa tilassa olevan puun syvä kaipuu murtaa kuoren auki. Tähän ulomman kuoren rikkoutumiseen liittyy kipua, mutta tuo kipu ei ole mitään verrattuna esiin kasvavan puun loistokkuuteen. Kun taimi kerran tulee esiin, kuori on tarpeeton. Samoin ego kadottaa kaiken merkityksensä, kun olet oivaltanut todellisen Itsesi. Poikani, jos uskot egon olevan kovin kallisarvoinen, voit pitää sen. Mutta sinun vuorosi tulee. Sinun sulkeutunut sydämesi, sinun egosi ei voi pysyä kiinni ikuisesti, sen on avauduttava. Minkäänlaisia voimakeinoja ei kuitenkaan voi käyttää sen avaamiseksi. Älä luule, että maailma katoaa, kun ego katoaa, kun egon nuppu on auennut itseoivalluksen kukaksi. Maailma säilyy ennallaan, mutta näet sen erilaisena. Uusi maailma avautuu edessäsi. Ihmeiden maailma ja taivaallinen kauneus paljastuu sisälläsi.

Egon nupussa on pimeää ja ahdasta, mutta kun nuppu tekee tilaa kukan avautumiselle, kaikki muuttuu kauniiksi ja mitä loistavimman valon täyttämäksi. Sinä astut pimeydestä säteilevään valoon, vankeudesta vapauteen, tietämättömyy-destä totuuden tuntemiseen. Tämä moninaisuuden maailma muuttuu täydelliseksi ykseydeksi. Se tapahtuu sinussa itsessäsi, ei ulkopuolellasi."

Todellisen mestarin läsnäolossa kaikki tapahtuu itsestään

Kysymys: "Amma, sanoit, että avautuminen ei voi tapahtua väkisin. Kuinka mestari sitten toimii, että tuo avautuminen tapahtuisi?"
Äiti: "Todellinen mestari on läsnäolo, jumalallisen tietoisuuden läsnäolo. Hän ei tee mitään. Hänen seurassaan kaikki tapahtuu ponnistelematta. Ponnistelemme, koska meillä on ego. Aidolla mestarilla ei ole egoa, joten hänen ei tarvitse ponnistella. Mestarin läsnäolo luo tilanteita, jolloin etsijän on mahdollista sukeltaa omaan tietoisuuteensa. Niin vain on – muulla tavoin ei voisikaan olla. Aurinko ei ponnistele vähäisimmässäkään määrin saadakseen aikaan valoa. Se ei tee muuta kuin paistaa. Kukka ei yritä tuoksua, tuoksu on sen luonnollinen ominaisuus. Joki ei yritä virrata, se vain tapahtuu. Tämä kaikki on luonnollista. Ihmiset saavat aikaan epäluonnol-lisia asioita, mutta luonto on luonnollinen. Samoin

täydellinen mestari ei tee mitään erityistä synnyttääkseen soveliaat olosuhteet kehityksellenne. Hänen pelkkä läsnäolonsa vaikuttaa niin, että kaikki tapahtuu spontaanisti, hänen ei tarvitse ponnistella. Hänen läsnäolonsa edistää kaikkein parhaiten teidän sydämenne avautumista. Asia vain on niin. Aurinko ei tee mitään erityistä saadakseen lootuskukan kukkimaan. Se pelkästään loistaa taivaalla ja sen pelkkä olemassaolo riittää avaamaan kaikki lootuskukat lammikoissa ja järvissä maan päällä. Aurinko ei tee mitään, se vain paistaa. Siihen ei liity mitään ponnistelua. Samoin täydellisen mestarin läsnäolo on kuin loistava aurinko, joka saa sydämemme lootuskukan kukkimaan. Kyse ei ole pakottamisesta. Hänen ehdottoman rakastava ja myötätuntoinen läsnäolonsa on voima, joka sulattaa egon kallion. Ego sulaa ja jumalallisen rakkauden virta syntyy, ilman että mestari tekee mitään.

Suurinkin jäälohkare sulaa auringon paahteessa. Himalajan huipuilla jäämassat sulavat ja virtaavat alas laaksoihin. Ne muodostavat jokia ja puroja, joista ihmiset ottavat vettä ja joissa he kylpevät. *Satgurun* läsnäolo sulattaa helposti meidän kalliolohkareen kaltaiset egomme ja saa meissä aikaan myötätunnon ja kaikkiallisen rakkauden ihmeellisen virtauksen.

Mestarin läsnäoloon ei liity mitään ponnistelua. Hän vain on läsnä. Kaikki tapahtuu spontaanisti hänen jumalallisessa läsnäolossaan. Maaäiti ei pakota meitä mihinkään, ei myöskään aurinko, kuu, tähdet tai mikään muukaan luonnossa tee niin. Kaikki yksinkertaisesti vain on olemassa. Ainoastaan itsekkäät, egoistiset ihmiset yrittävät tyrkyttää asioita väkisin toisilleen.

Niin kauan kun samastutte kehoonne, te yritätte väkisin saada asioita toteutumaan, mutta kerran ylitettyänne kehotietoisuuden se ei ole enää mahdollista. Päästyänne kehon tuolle puolen olette egottomia. Silloin teidän on mahdotonta käyttää voimakeinoja.

Maan päällä tapahtuu lukemattomia asioita, jotka johtuvat auringosta. Aurinko on energian lähde ja se on välttämätön luomakunnan olemassaololle. Ilman aurinkoa ja sen säteitä ihmiset, eläimet ja kasvit eivät voisi olla olemassa. Mutta aurinko ei pakota ketään mihinkään. Aurinko vain on ja sen pelkkä oleminen saa kaiken tapahtumaan. Kuvaus sopii myös täydelliseen mestariin. Aurinko, jonka näemme taivaalla, on vain äärettömän tietoisuuden pieni ilmenemismuoto. Auringon voima on koko kosmisen voiman pienenpieni hiukkanen. Mestari kuitenkin on *purnam* (kokonaisuus). Hän itse on tuo ääretön tietoisuus. Mikä tahansa on tarpeen ihmisen kehitykselle, se tapahtuu automaattisesti hänen läsnäolossaan. Hänen ei tarvitse käyttää mitään voimakeinoja. Täydellinen mestari ilmentää koko elämän kokonaisuutta ihmisen kehossa. Hänen lähellään te koette elämän koko värähtelevän sykkeen ja voiman."

Äidin puhuessa kaikki syventyivät kuuntelemaan tarkkaavaisesti. Oli kuin tiedon lähde olisi virrannut alkulähteestään, kuin pyhä Ganges olisi virrannut Himalajan huipuilta alhaalla olevaan laaksoon sallien jokaisen kylpeä sen suloisissa, pyhissä vesissä. Istuen hiljaa, tuijottaen Äidin sädehtiviä kasvoja kuulijat vaipuivat vähitellen syvään meditaatioon. Vasta myöhemmin Äidin alkaessa laulaa *kirtania* he tulivat tietoisiksi ympäristöstään. Äiti lauloi laulun *Kodanukoti*, joka sai aikaan korkeimman rakkauden autuaallisia värähtelyjä.

Kodanukoti

Oi ikuinen totuus
miljoonien vuosien ajan
ihmiskunta on Sinua etsinyt.

Entisten aikojen pyhimykset luopuivat kaikesta,
ainoana tarkoituksenaan saada
Itse virtaamaan meditaation avulla
Sinun jumalalliseen virtaasi.
Loputtomien vuosien ajan he harjoittivat
ankaria katumusharjoituksia.

119

Sinun äärettömän pieni, luoksepääsemätön liekkisi,
loistaa kuin kirkas aurinko.
Kuitenkin se pysyy täydellisen hiljaa, liikahtamatta
hirmumyrskyn hurjassa pyörteessä.

Kukat ja köynnökset,
pyhäköt ja temppelit,
vasta pystytettyine pyhine pilareineen,
ovat odottaneet Sinua läpi lukemattomien aikakausien
ja yhä vain Sinä olet saavuttamaton.

Äiti istui hetken hiljaa ja katseli taivaalle, sitten hän jatkoi suloista, syvämietteistä keskusteluansa.

Rakkaus voi olla vain siellä, missä ei ole pakkoa

"Todellinen elämä - aito, tarkoituksenmukainen elämä - on melkein kadonnut maan päältä. Ihminen ja koko yhteiskunta on muuttunut mekaaniseksi ja tunteettomaksi. Kaupankäynti ja kilpailu vallitsee kaikkialla. Se on yleistä jopa perheen keskuudessa, jossa tulisi vallita aidon rakkauden ja toisistaan välittämisen ilmapiiri ja jossa elämä on tarkoitettu koettavaksi kaikessa täyteydessään. Ihminen on itsekkyydes-sään, ahneudessaan ja kyvyttömyydessään rakastaa ja tuntea myötätuntoa muuttunut sydämettömäksi koneeksi, jolle vain määräileminen ja pakkokeinojen käyttäminen on tuttua.

Ihmisen mekaaninen mieli pitää määräilemisestä. Olemme tottuneet kasvamaan itsekeskeisyyden, kilpailun, vihan, kaunan, mustasukkaisuuden ja sodan keskellä. Meille on tuttua ainoastaan pinnallinen rakkaus. Olemme enemmänkin tottuneet kielteisiin käyttäytymismalleihin ja tiedämme vain kuinka käyttää voimakeinoja ja kuinka määräillä. Pakottami-nen kuitenkin tuhoaa kaikki mahdollisuudet rakkauden kasvuun.

Vain viha ja kauna voivat käyttää pakkokeinoja. Sota on esimerkki siitä. Sota on äärimmäinen esimerkki voiman käytöstä. Se on kansakunnan vihan, kaunan, kostonhalun ja kaikkien negatiivisten tunteiden yhteissumma. Kun kansa-kunnan kollektiivinen mieli purkautuu kuin tulivuori, me kutsumme sitä sodaksi. Maat, jotka ovat sodassa keskenään, yrittävät pakottaa omia ajatuksiaan ja ehtojaan toisilleen. Rakkaus ei pakota, sillä rakkaus on puhtaan tietoisuuden ilmaus. Ja tuo läsnäolo ei pakota - se vain on. Asettaessamme ehtoja todellinen rakkaus jää meiltä kokematta. Ehtojen asettaminen on pakottamista, mutta rakkaus ei pakota. Ehtojen asettaminen on mahdollista vain siellä, missä on jakautuneisuutta. Siellä missä on kaksinaisuutta, toisin sanoen kun 'sinä' ja 'minä' ovat erilliset, siellä on pakottamista. Käytät pakkoa, koska näet toisen erillisenä sinusta. Mutta pakottami-nen ei ole mahdollista, kun on vain yksi. Siinä tilassa tuo halu pakottamiseen katoaa, sinä vain olet. Universaalinen elämänvoima virtaa sinussa ja sinusta tulee avoin väylä. Sinä annat korkeimman tietoisuuden ottaa itsesi haltuunsa. Sinusta poistuu kaikki se, mikä on estänyt virtauksen. Itse luomasi esteet poistuvat ja silloin kaikkea syleilevän rakkauden joki pääsee virtaamaan uomassaan.

Kuin loistava aurinko ja ikuisesti puhaltava tuuli

On kuin olisit lukinnut itsesi huoneeseen pitkäksi aikaa ja vihdoinkin avaat kaikki ovet ja ikkunat. Olet valittanut: 'Miksi tässä huoneessa ei paista aurinko? Ja miksi täällä ei käy tuulen henki?' Mutta nyt oivallat, mikä on estänyt valon ja tuulen pääsyn sisään. Aurinko on aina paistanut ja tuuli on aina puhaltanut. Ne eivät ole koskaan lakanneet sitä tekemästä. Istuessasi sisällä kaikki ovet ja ikkunat kiinni valitit ja moitit, ettei aurinko paista eikä tuuli puhalla. Nyt oivallat, että syy oli täysin omasi, ci auringon ja tuulen, joten avaat ovet ja ikkunat antaen tuulen ja valon vihdoinkin virrata sisään.

Kun avaudut, huomaat auringon aina paistaneen ja tuulen aina puhaltaneen kantaen jumalallisuuden suloista tuoksua. Ehtoja ei ole asetettu, eikä pakkoa ole käytetty. On vain sallittu sydämen oven avautua, tuon oven, joka ei ole ollut koskaan lukossa. Se on ollut aina auki, mutta tietämättömyydessäsi luulit sen olevan lukossa. 'Minä rakastan sinua' on yleinen sanontatapa. Mutta sen asemasta olisi parempi sanoa: 'Olen rakkaus - olen puhtaan rakkauden ruumillistuma.' Poistakaa 'minä ja sinä' niin huomaatte, että on vain rakkaus. On kuin rakkaus olisi vangittu sinun ja minun väliin. Poista 'minä ja sinä', sillä ne eivät ole todellisia, ne ovat vain sinun itsesi määräämät seinät eikä niitä ole olemassakaan. Kuilu minun ja sinun välillä on ego. Kun ego poistetaan, katoaa etäisyyskin minun ja sinun väliltä. Ne sulautuvat yhdeksi - ja se on yhtä kuin rakkaus. Sinä itse annoit 'minälle ja sinälle' todellisuuden. Kun et enää tue niitä, ne katoavat. Silloin oivallat, että ei 'minä rakastan sinua', vaan 'minä *olen* tuo kaikkea syleilevä rakkaus'.

Lapset, kun koette vaikeita aikoja elämässänne, ajatelkaa itseksenne: 'en odota rakkautta toisilta, koska en tarvitse rakkautta toisilta. Minä itse olen rakkaus, olen rakkauden ehtymätön lähde, joka aina antaa rakkautta, ja vain rakkautta jokaiselle, joka tulee luokseni.'

Täydellisen mestarin läsnäolo on jumalallisen rakkauden läsnäoloa. Jumalallinen rakkaus ei pakota, se vain on läsnä meidän edistymiseksemme. Maallistakaan rakkautta ei voida pakottaa, kuinka sitten jumalallista rakkautta, joka on kaikkien rajoitusten ulottumattomissa?

Rakastavaisten kohdatessa he eivät keskustele sopimuksista ja ehdoista ennen kuin alkavat rakastaa toisiaan. Jos näin olisi, rakastuminen ei olisi mahdollista. Rakastavaisten nähdessä toisensa heidän sydämensä tulvivat rakkaudesta ja he tuntevat vastustamatonta vetovoimaa toisiinsa. Siinä ei ole pakottamista eikä väkisin yrittämistä, ei sanoja eikä ehtoja. Rakkaus toteutuu silloin, kun ette pakota ketään tai mitään ja olette kokonaan läsnä ilman 'minä ja minun' -tunnetta, joka estää virtauksen. Pieninkin voiman käyttäminen tuhoaa rakkauden kauneuden, ja niin tuo rakkaus ei voi toteutua."

ॐ

9. luku

Tuntekaa kärsivien kipu

Tänä aamuna *darshanin* aikana hyvin köyhän näköinen nainen rukoili Äitiä kyyneleet silmissään: "Amma, jokin kauhea sairaus leviää kylässämme kanojen keskuudessa ja omat kanani ovat saaneet tartunnan. Amma, ole ystävällinen ja pelasta ne!" *Brahmachari*, joka istui Äidin vieressä ei pitänyt siitä, vaan ajatteli: "Kuinka typerää valittaa tuollaisesta. Ihmisiä on paljon, miksi he eivät poistu heti osoitettuaan kunnioitustaan Äidille? Miksi jotkut häiritsevät Äitiä tuon kaltaisilla mitättömillä ongelmilla?" Ajatuksen välähtäessä hänen mieleensä Äiti oli juuri lohduttamassa naista. Hän loi vakavan katseen *brahmachariin* sanoen: "Opettele ymmärtämään toisten suruja ja tunteita." *Brahmachari* kalpeni, hän oli järkyttynyt huomatessaan Äidin välittömästi lukeneen hänen ajatuksensa.

Äiti lohdutti naista spontaanisti ja rakastavasti. Hän antoi naiselle tuhkaa sairaita kanoja varten. Nainen hymyili helpottuneena saatuaan Äidin darshanin ja lähti majasta onnellisena.

Naisen lähdettyä Äiti kääntyi *brahmacharin* puoleen ja sanoi: "Poikani, sinä et kykene ymmärtämään tuon tyttäreni surua. Tiedätkö mitään niistä vaikeuksista ja huolista, joita ihmiset kokevat tässä maailmassa? Jos tietäisit, et olisi pitänyt hänen valituksiaan typerinä ja merkityksettöminä. Sinä et ole koskaan kokenut surua elämässäsi. Jos olisit kokenut surua, ymmärtäisit tuon tyttäreni huolen kanoistaan. Hänen ainoa toimeentulonsa lähde on kanojensa munien myynti. Ja jos kanat kuolevat, hänen perheensä näkee nälkää. Nuo kanat ovat hänelle kaikki kaikessa - ne ovat hänen koko omaisuutensa. Kun Amma tietää, kuinka kovaa tuon naisen elämä on, hän ei voi ajatella tuon naisen huolten olevan merkityksettömiä. Sen pienen summan, jonka nainen säästää kananmunien myynnistä, hän käyttää Amman luona vierailuun kerran tai kahdesti kuussa. Koska Amma on tietoinen hänen vaikeuksis-taan, ashram antaa hänelle joskus rahaa linja-automaksua varten. Hänellä on vaikeuksia, mutta pane merkille hänen antaumuksensa ja rakkautensa Ammaa kohtaan. Yritä huomata hänen vaatimattomuutensa ja viattomuutensa ja yritä oppia siitä jotain. Kun Amma ajattelee hänen kaltaisiaan ihmisiä, Amman sydän sulaa ja hänen on vaikeaa pidätellä kyyneliään. Ne, joilla on aina ollut kylliksi ruokaa, eivät voi käsittää nälkäisen ihmisen tunteita. Tiedätkö poikani, että tässä maailmassa on olemassa kolmenlaisia ihmisiä. Ensimmäisellä ryhmällä ei ole mitään, toinen ryhmä pärjää jotenkuten ja kolmannella ryhmällä on enemmän kuin he tarvitsevat. Jos kolmanteen ryhmään kuuluvat eli ne, joiden oletetaan olevan rikkaita, eivät tee mitään auttaakseen ensimmäiseen ryhmään kuuluvia, Amma sanoisi, että he tosiasiassa ovatkin köyhimmistä köyhimpiä. Niillä, joilla on paljon enemmän kuin he tarvitsevat, tulisi olla silmät nähdä toisten kärsimykset. Heillä tulisi olla korvat kuulla avun hätähuudot, heillä tulisi olla myötätuntoinen sydän kärsiviä kohtaan ja heillä tulisi olla avuliaat kädet niiden auttamiseksi, jotka apua tarvitsevat. Lapset, kuulkaa epätoivoiset avunhuudot, kenenkään kärsimys ei ole merkityksetöntä. Voidaksenne todella kuulla heidän sydäntäsärkevät sanansa, teillä tulee olla myötätuntoinen sydän, joka auttaa teitä näkemään ja tuntemaan toisten kärsimykset aivan kuin ne olisivat omanne. Yrittäkää asettua heidän asemaansa tuntemaan heidän kärsivien sydäntensä värähtelyt. Jos ette voi tehdä sitä, silloin kaikki henkiset harjoituksenne ovat turhia."

Kuullessaan Äidin voimakkaat sanat *brahmachari* katui koko sydämestään. Kyyneleet silmissään hän pyysi anteeksi erehdystään.

Darshanin alusta lähtien eräs nuori mies oli katsellut Äitiä tarkkaavaisesti. Hän oli luennoitsijana jossakin oppilaitoksessa Nagpurissa. Sinä päivänä, jolloin hän oli tullut ashramiin, hänellä oli ollut kiire ja hän oli sanonut: "Menen Äidin darshaniin ja lähden heti sen jälkeen kotiin. Minun on hoidettava joitakin kiireellisiä asioita heti palattuani Nagpuriin." Mutta siitä oli kulunut jo useita päiviä, ja hän oli yhä ashramissa. Äiti sanoi toisille oppilaille: "Joka päivä hän kertoo Ammalle: 'Tänään minä lähden,' ja joka päivä Amma antaa hänelle luvan lähteä. Amma sanoo hänelle: 'Hyvä on, sinä voit mennä, mutta tule takaisin.' Mutta hän on yhä täällä."

Luennoitsija ei osannut malajalamia, joten hän ei ymmärtänyt mitä Äiti sanoi. Mutta jokaisen katsoessa häntä, hän arvasi Äidin puhuneen hänestä. Eräs oppilas tuli hänen avukseen ja käänsi Äidin sanat. Mies vastasi: "En aio lähteä lainkaan. Joten eikö ole turhaa puhua menemisestä ja takaisin tulemisesta?"

Äiti hymyili ja vastasi: "Mutta Amma kyllä tietää keinon sinun karkottamiseksesi."

Kaikki nauroivat. *Darshanin* jatkuessa *brahmacharit* lauloivat

Prema Prabho Lasinini

Oi Jumalatar,
ikuisen autuuden nauttija,
joka paljastaa rakkauden säihkyn
ja jonka kukan kaltaisesta hymystä
autuuden valo virtaa...

Sinä olet se Yksi,
joka ikuisen autuuden joen laineilla
hellii elämän polkua etsiviä,
joita eivät pelon
synnit ole koskettaneet.

Sinun lootusjalkasi,
jotka ovat kiedotut
korkeimman Itsen
kirkkaaseen valoon,
antavat suojeluksen lahjan
tuhoamalla halujen siteet.

Kohdista häviämätön valosi minuun,
jonka sydän kumartaa Sinun edessäsi
voidakseni sulautua kaikkialliseen sieluun.

Kahlittuna olemisen tunne

Eräs *brahmachari* esitti kysymyksen: "Amma, pyhiin kirjoituksiin on kirjoitettu, että kokemus 'minästä ja sinästä' on epätodellinen, että se on itse aiheutettu seinä, jota ei ole olemassakaan, ja että me lainaamme sille sen todellisuuden. Jos se on epätodellista ja jos kaikki on yksi, miksi sitten koen erillisyyden?"

Äiti: "Tietämättömyytesi siitä, että olet kokonaisuuden kanssa yhtä, aiheuttaa erillisyyden. Todellisuudessa kahleita ei ole olemassakaan, ei ole minkäänlaista seinää erottamassa sinua jumalallisesta olemuksestasi. Seinä tai kahleet ovat mielen luoma harha. Poistakaa tuo harha ja mielenne poistuu samanaikaisesti.

Olipa kerran paimenpoika, joka vei aamuisin karjan laitumelle ja toi sen illalla takaisin. Ennen kuin hän jätti lehmät yöksi navettaan, hän varmisti, että ne olivat kunnolla kiinni. Eräänä iltana hän huomasi, että yksi lehmä oli kadottanut kiinnitysnarunsa. Pojalla oli ongelma. Hän ei voinut jättää lehmää sitomatta, koska se luultavasti karkaisi ja eksyisi. Oli jo pimeää ja liian myöhäistä mennä ostamaan uutta narua. Poika meni kysymään neuvoa vastuussa olevalta munkilta. Munkki sanoi: 'Älä sure, seiso lehmän vieressä ja teeskentele, että sidot sen kiinni. Varmista, että lehmä näkee, mitä teet ja se riittää. Se pysyy omalla paikallaan.'

Poika meni takaisin navettaan ja teki niin kuin munkki oli käskenyt. Hän teeskenteli sitovansa lehmän kiinni paaluun. Kun poika palasi seuraavana aamuna, hämmästyksekseen hän huomasi lehmän pysyneen aivan samassa paikassa koko yön. Päästäessään kaikki lehmät vapaaksi kuten tavallista ja aikoessaan viedä ne laitumelle hän huomasi sen lehmän, joka oli ilman narua, makaavan maassa paalun lähellä. Hän yritti houkutella sitä seuraamaan karjalaumaa, mutta se ei hievahtanutkaan. Poika oli neuvoton. Hän meni taas kysymään neuvoa munkilta. Munkki kuunteli häntä ja hymyili. 'Katsohan lapseni,' hän sanoi, 'lehmä ajattelee olevansa yhä paaluun sidottu. Eilen, kun naru oli kadoksissa, sinä teeskentelit sitovasi sen kiinni. Tänä aamuna sinä irrotit kaikki lehmät paitsi sen yhden. Ajattelit sen olevan turhaa, koska sehän ei ollut kiinni. Mutta sinun viimeöisestä toimenpiteestäsi johtuen lehmä uskoo yhä olevansa sidottu paaluun. Joten nyt sinun on teeskenneltävä, että päästät sen vapaaksi.' Poika palasi lehmän luo ja teeskenteli päästävänsä sen irti. Välittömästi lehmä nousi jaloilleen ja liittyi karjalaumaan.

Me olemme samankaltaisessa tilanteessa. Kahleet tai erottava seinä ovat itse luotuja. Ego on pystyttänyt seinän, mutta ego ei myöskään ole todellinen - se on harha, jolla ei ole omaa elämää. Se näyttää todelliselta, koska sen voima on peräisin Itsestä. Itse tekee sen eläväksi. Egoa voidaan verrata kuolleeseen aineeseen, sillä ilman Itseä se on eloton. Älkää pitäkö egoa tärkeänä, opetelkaa olemaan välittämättä siitä. Silloin se vetäytyy ja katoaa. Me annamme epätodelliselle egolle sen todellisuuden. Paljastakaa ego ja se on sen loppu.

Tietämättömyydestämme johtuu, että me lehmän tavoin uskomme olevamme sidottuja, vaikka me tosiasiassa olemme täysin vapaita. Meidät kuitenkin pitää saada vakuuttuneiksi siitä. Kun tietämättömyytemme vapaudestamme ja siitä mikä on todellinen luontomme poistetaan, silloin myös kiinnipitävät kahleet katoavat.

Amma tuntee erään miehen, jota pidettiin kauan kädet selän taakse sidottuina. Hän oli sairas mieleltään ja hänen oli oltava mielisairaalassa. Lopulta hän pääsi kotiin. Mutta hänet oli lukittava huoneeseensa kädet sidottuina selän taakse. Kädet sidottiin, koska hän oli usein väkivaltainen ja hyökkäsi ihmisten kimppuun. Vuosien hoidon jälkeen hän lopulta parani. Mutta vielä tänäkin päivänä hänen nähdään pitävän käsiään selkänsä takana kuin sidottuna. Amman tavatessa hänet hän kertoi, että hänestä tuntuu kuin hänen kätensä olisivat sidottuna selän taakse. Kun joku ojentaa hänelle teekupin tai kun hän alkaa syödä, hänen mielensä ei heti kykene siirtämään käsiä. Kestää muutamia sekunteja ennen kuin hän oivaltaa, että hänen kätensä ovat vapaat. Toisten on joskus huomautettava hänelle siitä. Hänen kätensä ovat vapaat, mutta häntä täytyy muistuttaa siitä. Kahleet eivät ole todellisia, ne ovat itse luotuja.

Samoin on meidän laitamme, niin kauan kun on olemassa tunne sidottuna olemisesta, me tarvitsemme täydellisen mestarin apua, joka voi näyttää meille tien ja sanoa: 'Katsohan, sinua ei ole sidottu kiinni mihinkään. Sinä olet kaikkivoipa *Atman*, Itse. Tule ulos illuusiosta kohotaksesi korkeuksiin korkeimman tietoisuuden taivaita kohden.' Mestari teeskente-lee irrottavansa narun, joka sitoo teidät maallisten tavaroiden ja mielihalujen paaluun. Kun illuusio poistetaan, te oivallatte aina olleenne tuossa tietoisuudessa ja että ette ole koskaan eksyksissä olleetkaan.

Täydellisen mestarin opastus ja hänen läsnäolonsa ovat valo, joka valaisee polkunne. Hänen läheisyytensä auttaa teitä näkemään itse luomanne egon seinät. Ymmärtäessänne mistä vankeutenne todellisuudessa johtuu, teidät voidaan helposti vapauttaa. Teidän väärinkäsityksenne ihmissuhteista, maailmasta ja sen asioista synnyttävät nuo kahleet."

Kokonaisuus - ei sen osien välinen suhde

Kysymys: "Amma, tarkoitatko, että ihmissuhteet kahlitsevat meidät?"

Äiti: "Kyllä, ihmissuhde todellakin kahlitsee, jos teillä ei ole asiaankuuluvaa ymmärrystä ja erottelukykyä. Mutta totuus on, että ihmissuhteet ovat olemassa vain niin kauan, kun on olemassa tunne kahdesta. Kun Itsen oivaltaminen tapahtuu, ei enää ole kahden ihmisen suhdetta, koska tuo kaksi katoaa. Siitä alkaen on vain ykseys ja täydellinen riippumattomuus.

Kun kaksinaisuuden tunne katoaa, myös kaikki ihmissuhteet katoavat. Kahdella yksilöllä, perheellä tai kansakunnalla on suhde, mutta kaiken ollessa yksi, suhdetta ei enää ole olemassakaan. Silloin on vain yksi, kaiken sisäänsä sulkeva tietoisuus. Ihmissuhteet kahlitsevat, kun taas täydellinen tietoisuus Itsestä vapauttaa kaikista kahleista. Ihmissuhteessa te olette vangittuna kuin häkkilintu. Itsen oivaltaminen päästää teidät egon häkistä ja antaa teille vapauden. Keho ja sen osat, vaikkakin ne näennäisesti ovat erillisiä, ovat yksi kokonaisuus. Kädet, jalat, silmät, nenä, korvat ja kaikki sisäelimet ovat kokonaisuuden osia. Ne muodostavat yhden kokonaisuuden, yhden kehon, joka on muuta kuin osien keskinäinen suhde. Samoin ovat puunoksat, lehdet, kukat ja hedelmät yhden puun kokonaisuuden osia. Sitä ei voida pitää puun eri osien välisenä suhteena.

Kun itse rakentamanne egon seinät poistetaan, oivallatte, että maailman kaksinaisluonne on vain ulkoista ilmentymää ja että kaikki pohjimmaltaan on yksi ainoa kokonaisuus, ykseys.

Ulkoista maailmaa pidetään aivan liian tärkeänä, kun taas sisäinen maailma jätetään vaille huomiota. Se lisää yhä enemmän tietämättömyyttämme. Jos painotamme suhdettamme ulkoiseen maailmaan samalla kun jätämme huomioimatta sisäisen maailman, kasvaa välimatka meidän ja todellisen Itsen välillä."

Äiti lakkasi puhumasta ja pyysi *brahmachareja* laulamaan. He lauloivat laulun

Sukhamenni Tirayunna

Sinä, joka etsit
onnea kaikkialta,
kuinka löydät sen
ellet hylkää turhamaisuuttasi?
Ennenkuin myötätuntoinen
kaikkeuden Äiti
loistaa sydämessäsi,
kuinka voisit olla onnellinen?

Mieli,
jossa ei ole antaumusta Shaktia,
korkeinta voimaa kohtaan,
on kuin kukka ilman tuoksua.

Sellaisen mielen on pakko
ajelehtia kurjuudessa
kuin lehti,
jota levottoman meren
aallot heittelevät.

Varo joutumasta saaliiksi
korppikotkakohtalon kynsiin.

Palvo korkeinta Itseä yksinäisyydessä,
lakkaa odottamasta
tekojesi hedelmiä,
palvo kaikkiallisen Itsen muotoa
sydämesi kukassa.

Älkää syyttäkö olosuhteita

Laulun päätyttyä Äiti jatkoi puhumista.

"Ihmisen luontainen taipumus on löytää vikaa elämän olosuhteista. Me moitimme jatkuvasti olosuhteita, syyttäen maailmaa suruistamme, kärsimyksistämme ja peloistamme. Tämä meidän tapamme valittaa ja löytää vikaa ulkopuolisesta maailmasta ja sen luomista olosuhteista johtuu tietämättömyy-destämme todellisesta olemuksestamme, joka on Itse (*Atman*). Itse on kaikkien rajoitusten ulottumattomissa, sitä ei kosketa se, mitä meille tapahtuu, olipa se hyvää tai pahaa.

Eräs mies oli kävelyllä mangometsässä, kun mädäntynyt mango yhtäkkiä putosi lätsähtäen hänen kaljuun päähänsä. Pää peittyi pilaantuneen mangon mehusta, joka valui pitkin hänen poskiaan. Raivoissaan mies alkoi sadatella mangoa, mangopuuta ja lintua, jonka nokkiessa hedelmää se putosi alas. Ja kaiken kukkuraksi hän kirosi jopa maan painovoimalain! Eikö olisi hulluutta tehdä niin? Tuolla tavalla tekisimme itsemme naurun alaisiksi. Mutta tietoisuuden korkeammalta tasolta katsottuna teemme juuri niin.

Jos ajattelemme hetken edellä mainittua esimerkkiä, huomaamme, että itse tilannetta ei voi moittia. Eikö olisi mieletöntä kirota maan painovoimalakia? Tai puuta tai lintua? Kuinka voisi olettaakaan painovoimalain muuttuvan? Mango ei voi pudota ylöspäin, olipa se sitten mädäntynyt tai ei. Sen on pudottava alas, koska se on luonnon laki. Kun mangot ovat kypsiä, ne joko putoavat itsestään maahan tai joskus lintu nokkii ne alas. Ei kukaan, jos hänellä on edes vähänkin älyä, syyttäisi tilannetta. Asian näkeminen tuolla tavalla olisi selvästikin virheellinen. Heti kun ymmärrämme tämän syvemmällä, hienovaraisemmalla tavalla ja opimme hyväksy-mään erilaiset elämän tilanteet mieluummin kuin että taistelisimme niitä vastaan, havaitsemme elämän olevan uskomattoman kaunista.

Älkää moittiko olosuhteita, älkää myöskään moittiko toisia. Korjatkaa omat virheenne. Teidän epäonnistumisenne ja loukatut tunteenne, teidän pelkonne ja ongelmanne johtuvat heikkouksista teissä itsessänne ja tämä heikkous tunnetaan tietämättömyytenä. Te samastutte ajatuksiinne, jotka pohjautuvat täysin vääriin käsityksiin.

Seuraava kertomus auttaa teitä ymmärtämään maailman pettävää luonnetta. Sen jälkeen, kun Pandavat olivat suorittaneet *rajasuya yajnan* (hyväntekeväisyyden kuninkaal-linen juhla), he pyysivät serkkuaan Duryodhanaa veljineen viipymään vielä muutamia päiviä Indraprasthassa, Pandavien kuninkaallisessa tyyssijassa. Duryodhana suostui siihen. Eräänä päivänä he menivät tutustumaan kauniiseen palatsiin, joka oli hyvin taitavasti suunniteltu. Yksi palatsin lattioista oli niin kiillotettu ja läpikuultava, että se oli saatu näyttämään pieneltä järveltä, välkkyvine vesineen. Se harhautti Duryodhanan ja hänen veljensä niin, että he päättivät uida järven yli ja he riisuivat vaatteensa. Nähdessään tämän Draupadi ja Bhima nauroivat, koska siinä ei ollut järveä eikä vettä.

Eräässä toisessa palatsissa lattia heidän mielestään näytti tavalliselta lattialta ja epäröimättä hetkeäkään he astuivat sille. Mutta sepä olikin järvi, vaikkei näyttänyt siltä, ja veljekset putosivat loiskahtaen veteen ja kastuivat likomäriksi. Koko palatsi oli suunniteltu niin ovelasti, että se harhautti Duryodhanan ja hänen veljensä täysin.

Sitä voi verrata maailmaan. Luoja on suunnitellut ja koristellut koko maailman niin uskomattomasti, että jos emme liiku varoen, joudumme helposti harhautetuiksi. Jokainen askel tulisi ottaa valppaana. Jotkut paikat, tilanteet ja kokemukset saattavat näyttää luonnollisilta, harmittomilta ja ihanilta. Mutta olkaa varovaisia, olkaa valppaita, koska se mitä näette pinnalla, saattaakin olla hämäystä. Kauneus ja viehättävyys saattaakin olla vain pinnallista, ehkä tuon kauniisti koristellun pinnan alla piileskelee suuri vaara. Toisaalta joku toinen paikka, tilanne tai kokemus saattaa vaikuttaa vaaralliselta. Jos teidän on pakko kohdata se, te ehkä vastustatte äänekkäästi ja ryhdytte kaikenlaisiin varotoimen-piteisiin. Mutta se saattaakin osoittautua joksikin aivan tavalliseksi, jopa rakentavaksi. Sellaista tapahtuu elämässä. Meitä on huijattu ja vedetty nenästä useammin kuin tuhat kertaa ja vieläkään emme ole oppineet läksyämme. Vieläpä lukemattomien pettymysten jälkeen ihmiset ryntäävät kaikenlaisten asioiden perään. Tämä on *mayan* (harhan) merkillinen voima.

Maailma ei ole ongelma. Ongelma on meissä. Joten olkaa valppaita niin näette asiat paljon selkeämmin. Valppaus varustaa teidät kaiken näkevällä silmällä ja mielellä, niin ettei teitä voida harhauttaa. Se vie teidät hitaasti lähemmäksi todellista olemistanne, Itsen autuutta.

Autuus, ei suru, on todellinen luontomme, mutta meille on tapahtunut jotain. Kaikki on kääntynyt ylösalaisin. Onnellisuudesta on tullut 'omituinen' mielentila, kun taas surua pidetään luonnollisena.

Eräs vanha muusikko vierailee ashramissa toistuvasti. Hän on hyvin onnellinen mies. Hän nauraa aina, kertoo vitsejä ja on vapautunut ihmisten parissa. Hän on aina iloinen. Kun ihmiset näkevät kuinka onnellinen hän on, he syyttävät häntä henkisestä poikkeavuudesta. Amma tuntee tämän poikansa hyvin. Hän on täysin normaali. Hänellä on hyvä sydän, mutta hänen iloisuutensa on toisten mielestä omituista. Jos joku on onnellinen, ihmiset välittömästi tulevat epäluuloisiksi. Heidän on tiedettävä, miksi joku näyttää onnelliselta, ikään kuin onnellisuus olisi jotenkin luonnotonta. Vain ollessamme surullisia meidän uskotaan olevan 'normaaleja'. Siksi Amma sanoo, että kaikki on kääntynyt ylösalaisin. Se on sääli! Ihmiset, joiden perusolemus on ilo ja tasapaino, uskovat, että onnellisuus on luonnotonta ja että ainoa luonnollinen olemisen tila on kipu ja suru."

Darshanin ollessa loppumaisillaan *brahmacharit* lauloivat toisen laulun

Asa Nasi Katora

Oi mieli,
sinä olet halujen vilkas satama,
niiden virta käy jatkuvasti luoksesi.
Ole varuillasi, ettet huku
surun syvään valtamereen.
Tee sen sijaan aratia Itselle,
ja pidä huomiosi suunnattuna Itseen.

Ole varuillasi,
sillä jos jatkat samaan tapaan
vailla todellista perustaa,
tulet lopulta putoamaan
ja tunnonvaivat täyttävät sinut.

Jos hellästi vaalit ikuista autuutta,
jos kiihkeästi kaipaat vapautusta,
meditoi silloin,
oi mieli, meditoi lähdettäsi.

Meditoi autuuden sisäistä valtamerta,
luovu huonoista ominaisuuksistasi
ja seuraa jumalallisten laulujen opetuksia.

ॐ

133

10. luku

Parantava kosketus

Eräs nuori mies istui vanhan temppelin kuistilla riiputtaen päätään polviensa välissä. Äiti sattui kulkemaan ohitse ja nähdessään miehen istuvan siellä hän meni tämän luo. Nuori mies oli niin uppoutunut ajatuksiinsa, ettei ollut tietoinen Äidin paikalla olosta. Äiti taputti häntä hellästi olkapäähän ja sanoi: "Poikani". Mies katsoi ylös ja pelästyi nähdessään Pyhän Äidin seisovan edessään. Hänen silmissään oli syvää tuskaa. Äiti hymyili hänelle, taputti hellästi häntä rintaan ja sanoi: "Viha... viha on myrkkyä. Sinun tulisi hallita sitä." Mies oli ilmiselvästi shokissa. Hän peitti kasvonsa käsiinsä ja alkoi itkeä. Äiti katsoi häntä ja hänen äidillinen hellyytensä oli ylitsevuotavaa. Hän painoi miehen pään hellästi olkaansa vasten, hyväili häntä ja sanoi: "Poikani, älä ole huolissasi! Kaikki tulee kääntymään hyväksi. Amma pitää huolen kaikesta."

Miehellä oli hyvin väkivaltainen luonne ja tuona päivänä hän oli riidellyt vaimonsa kanssa. Hänen vanhempansa olivat puuttuneet riitaan. He tukivat vaimoa, koska tiesivät tämän olevan miehensä usein toistuvien hyökkäysten viaton uhri. Vanhempien puuttuminen riitaan lisäsi hänen vihaansa. Hän huusi heille ja käyttäytyi epäkunnioittavasti. Tämä ei ollut yksittäinen välikohtaus. Hänen hillittömästä vihastaan johtuen sellaiset välikohtaukset eivät olleet harvinaisia. Hän katui aina jälkeenpäin ja lopuksi pyysi anteeksi vaimoltaan ja vanhemmil-taan. Mutta hän joutui aina uudestaan kauheiden mieli-alojensa valtaan. Tuona päivänä välikohtauksen jälkeen hänen naapurinsa, jotka olivat Äidin oppilaita, neuvoivat häntä menemään Äidin luo. Näin hän siis kohtasi Äidin.

Nyt hän on täysin muuttunut mies. Tuo sama mies, joka terrorisoi perhettään hillittömällä vihallaan, on nyt rakastava ja huolehtiva aviomies vaimolleen, poika vanhemmilleen ja isä lapsilleen. Koko perhe vierailee Amman luona vähintään kerran viikossa saamassa Amman siunauksen.

Mies itse kertoi myöhemmin: "Tuolla ensimmäisellä kerralla Amman koskettaessa rintaani tunsin kuin jotain painavaa olisi nostettu sydämestäni pois. Tuo kosketus poisti vihan myrkyn sisältäni. Ennen tätä perheeni elämä oli ollut kuin painajaista. Nyt, Äidin armosta kotini on muuttunut rauhan ja onnellisuuden tyyssijaksi. Koko perheestäni on tullut Äidin oppilaita."

Amman ympärillä on sattunut lukemattomia samanlaisia tapahtumia. Hänen armostaan miljoonien ihmisten elämä on muuttunut. Vaikka Äiti muuttaa ihmisiä ja parantaa sydämiä, hän on myös ihmeellinen esimerkki äärimmäisestä nöyryydestä ja vaatimattomuudesta.

Kuinka pelko voitetaan

Neljän aikaan iltapäivällä, kaikkien istuessa vanhan temppelin edessä, nuori lakimies kysyi Äidiltä: "Amma, näyttää siltä, että pelkoa pidetään itsestään selvänä osana ihmisen elämää. Ihmiset pelkäävät kaikkea, he pelkäävät työnsä ja perheensä turvallisuuden puolesta, he myös pelkäävät toisiaan ja yhteiskuntaa. Ihminen on luonut ympärilleen kokonaisen pelkojen maailman. Kuinka se on mahdollista? Mikä sen aiheuttaa ja kuinka voisimme päästä näistä peloista, jotka nakertavat elämästämme kaiken kauneuden?'

Äiti: "Me palaamme jälleen takaisin kysymykseen tietämättömyydestä. Tietämättömyys todellisesta olemas-saolosta Jumalassa tai Itsessä on syy kaikenlaisiin pelkoihimme. Ihmisen ulkoisen elämän - mitä hän sitten tekeekin kehonsa hyvinvoinnin hyväksi - tulisi olla sopusoinnussa hänen sisäisen elämänsä kanssa. Siinä tulisi olla täydellinen tasapaino. Jos kehoa pidetään tärkeämpänä, kuten nyt tehdään, ja sielu laiminlyödään, ihmisestä tulee huolestunut, ahdistunut ja kuumeisesti vääriin turvallisuudenlähteisiin ripustautuva.

Olipa kerran suuri mestari, jota sadattuhannet ihmiset kaikkialla maailmassa palvoivat. Ihmiset hämmästelivät hänen puhtauttaan, viattomuuttaan ja hänen viisautensa syvyyttä. Hän muutti monien elämän opetustensa kauneudella ja ilmentämällään rakkaudella ja myötätunnolla. Hänen tiedonhaluiset oppilaansa ja palvojansa pyysivät häntä paljastamaan tietonsa ja puhtautensa lähteen. Mutta mestari vain vastasi: 'Se kaikki tulee olemaan kirjassa, jonka peritte jättäessäni tämän kehoni.' Eräänä päivänä mestari jätti kehonsa. Muutamaa päivää myöhemmin hänen oppilaansa alkoivat etsiä kirjaa, josta hän oli maininnut ja löysivät sen. Mutta kansien välistä löytyi vain yksi ainoa sivu ja siihen oli kirjoitettu yksi ainoa lause. Siinä luki: 'Rakkaimpani, kun tunnette astian ja sen sisällön välisen eron, teissä alkaa sarastaa todellinen tieto, ja se poistaa kaiken pelon ja pimeyden.'

Lapset, tiedon salaisuus on siinä, että keho on astia, ja sen sisältö on sielu, joka on eri asia kuin astia. Maito ei ole sama kuin astia, jonka sisällä se on. Astia ei ole maito, eikä maito ole astia. Tieto Itsestä poistaa kaikki turhat pelot, jotka pitävät elämäämme tiukassa otteessaan.

Ihmisinä me haluamme ruokaa, vaatteita ja suojan. Se on varsin ymmärrettävää. Nämä kolme asiaa ovat pääasialliset kehoon liittyvät huolen aiheet. Olemme huolestuneita kehomme mukavuudesta. Mutta mikä tämä keho on? Mistä se tulee? Mikä on se voima, joka ilmaisee itseään tämän kehon avulla ja saa meidät rakastamaan sitä niin paljon? Vain harvat miettivät tätä ja ottavat siihen kantaa. Ihmiset uskovat, että keho on kaikki, mitä on ja että heidän kehonsa taustalla ei ole mitään muuta. Tämä asenne saa aikaan sen, että he kiintyvät äärimmäisen voimakkaasti kehoon ja sen turvallisuudesta huolehtimiseen.

Teidän kiintymyksenne kehoon aiheuttaa elämässänne pelkoa kaikkea kohtaan. Kun kiintymyksenne kehoon kasvaa, myös ego kasvaa samanaikaisesti kasvavan pelkonne myötä. Kiintymys kehoon aiheuttaa kiintymyksen egoon, koska te uskotte kehonne olevan kallisarvoisin asia mitä teillä on. Haluatte suojella sitä kaikelta, joka voisi vahingoittaa sitä jollakin tavalla. Ajattelette, että kehonne suojaaminen antaa teille turvan. Kuinka säälittävää se onkaan! Emme ymmärrä, että kehon olemassaolo riippuu sielusta. Sekä kehon että sielun luonne tulisi ymmärtää oikein. Keho muuttuu jatkuvasti, kun taas sielu on muuttumaton. Ilman muuttumatonta sielua muuttuvaa kehoa ei olisi olemassakaan, koska sielu on kehon kasvualusta. Alati muuttuva keho katoaa, kun taas muuttumaton sielu on katoamaton. Katoamaton sielu on elämänvoima. Se on kuin pääjuuri, joka ylläpitää kehon puuta.

Meidän ongelmamme on, että me annamme liian paljon arvoa näkyvälle keholle ja jätämme täysin huomioimatta näkymättömän Itsen, olemassaolon lähteen. Me saatamme yrittää järkeillä itseksemme ja sanoa: 'Minä näen kehon, mutta en sielua, ja siitä syystä annan niin suuren merkityksen keholle. Kuinka voin uskoa sieluun, joka on näkymätön?' Mutta on kuin sanoisimme: 'Minä voin nähdä vain puun, kuinka voin uskoa juureen, jota en näe paljaalla silmällä?' Ei kukaan, edes vähäjärkinen päätyisi sellaiseen johtopäätökseen.

Kuvitelkaamme teidän katselevan valtamerta. Olette ihastuneita näkemästänne ja ajattelette: 'Kuinka suurenmoinen tuo valtava meri onkaan! Se on käsittämättömän syvä ja laaja.' Mutta sieltä, missä seisotte, voitte nähdä vain meren pinnan - ette voi nähdä pinnan alaista maailmaa, ettekä myöskään meren pohjaa. Eikö olisikin järjetöntä sanoa, että meren pinnan alapuolella ei ole merenalaista maailmaa tai ettei meren pohjaa ole olemassakaan? Meren pinnan olemassaolo on varma todiste sen alapuolella olevasta pohjasta. Ilman pohjaa merta ei olisi. Ja ilman vettäkin pohja on jo olemassa.

Nähdäksenne meren ja kokeaksenne merenalaisen maailman ja meren pohjan teidän on mentävä pinnan alle. Teidän on sukellettava valtameren syvyyksiin. Samalla tavalla oivaltaaksenne sielun teidän on mentävä kehon tuolle puolen ja sukellettava syvälle omaan Itseen.

Koemme hämmästyksen tunteen katsoessamme valtameren suuruutta. Jos voisimme tuntea samaa kunnioitusta ja ihmetystä katsellessamme kaikkea luonnossa ja sen moninaisissa ilmentymissä, emme koskaan epäilisi, että sisäinen elämänvoima on näkyvän maailman perusta.

Ihmisen pelko johtuu siitä, että hän on tietämätön omasta sielustaan, elämänvoimasta ja elämänsä perustasta. Hän uskoo, että hänen tulisi murehtia vain kehonsa olemassaolosta ja että koko elämä on vain keho, eikä mitään muuta ole. Tämä on hänen käsityksensä elämästä – todellakin, hänen elämänsä rakentuu ymmärtämättömyyden varaan. Kun hän on suunnannut koko huomionsa kehoon ja egoon, on seuraavana askeleena niiden turvallisuuden takaaminen. Hän rakentaa ympärilleen petollisten turvallisuudenlähteiden linnakkeen. Hän takertuu taloonsa, koska se on yksi turvallisuuden takaaja. Hänen työnsä tai liiketoimintansa on toinen, sitten tulee hänen asemansa yhteiskunnassa, hänen perheensä ja koko omaisuus. Hän ajattelee elämänsä olevan näiden ulkoisten 'takaajien' varassa. Hän ajattelee, että ilman niitä ja ilman kehoaan ja egoaan häntä ei olisi olemassakaan. Hänelle koko elämä on - kahdella sanalla kuvailtuna - 'keho' ja 'kiintymykset'. Mutta se ei ole hänen syynsä, sillä hänelle olemassaolo on sama kuin kehon olemassaolo ja kehonsa vuoksi hän tarvitsee kaikkia noita vääriä turvallisuudenlähteitä. Ihmisparka, hän on kokonaan unohtanut sisäisen elämänsä.

Todellinen elämä kehittyy sisältä käsin. Todellinen elämä tarkoittaa, että sielu ilmaisee itseään kaikkien ajatusten, sanojen ja tekojen kautta. Ihmisestä tulee peloton, kun hän ymmärtää sielun katoamattoman luonteen.

Kuitenkin nykyisellä tasolla hän tietää, että hänen kehonsa katoaa. Ja siksi hän on kasvavassa määrin peloissaan ja pelko työntää häntä yhä lähemmäksi kohden kuolemaa, joka on hänen suurin pelkonsa.

Kuolema riistää kaiken mitä hänellä on ja mitä hän väittää omakseen. Kuolema on ihmiselle kaikkein suurin uhka, kukaan ei halua kuolla. Kuoleman mainitseminenkin aiheuttaa valtavan kauhun tunteen. Mutta kuolema on kokemus niin kuin muutkin kokemukset."

Kun Äiti puhuu, hänen sanansa saavat siivet kuin ne aikoisivat lähteä lentoon kantaen kuulijan mukanaan. Hänen sanansa ja kuvauksensa eivät koskaan kuulosta siltä että ne olisivat peräisin henkilöstä, yksilöstä. Ne kaikuvat kuin ne tulisivat syvästä luolasta, muinaisesta tuntemattomasta lähteestä. Äidin sanat toimivat kuin kulkuneuvo, joka kuljettaa kuulijansa syvempiin, henkisiin maailmoihin.

Äiti alkoi laulaa laulua

Marikkatta Manushyarundo

Onko olemassa ketään, joka ei kuole?
Onko hetkeä, jolloin halu päättyy?
Me synnymme tähän maailmaan,
meitä korventavat surut
ja sitten kuolemme
syntyäksemme jälleen.

Vaikka ihminen oppii nauramaan,
onko hänessä suuruutta,
jos hän pelkää kuolemaa?
Vaikka hän syntyykin ihmiseksi,
mitä suurta siinä on,
jollei kuolemanpelko katoa?

Kaikesta päättää kohtalo,
mutta kuka luo tuon kohtalon?
Tämä maailma ei koskaan johda onneen:
kun oivallamme tämän totuuden,
me luovumme kaikesta.

ॐ

11. luku

Kaikkitietävä Äiti

Oli melkein keskiyö. Äiti oli kävelyllä ashramin lähistöllä kookospalmujen keskellä. Joskus hän pysähtyi katselemaan itään kuin odottaen jonkun saapumista. Bri. Gayatri ja vanhimmat *brahmacharit* ehdottivat useita kertoja, että Äiti menisi nukkumaan. Mutta Äiti kieltäytyi kohteliaasti ja halusi jäädä kookospalmujen luo. Joitakin minuutteja puolenyön jälkeen eräs suurperhe saapui ashramiin. Koko perhe oli ylitsevuotavan onnellinen nähdessään Äidin seisomassa kookospalmujen alla. Äiti kutsui heitä ja osoitettuaan heille rakkauttaan ja hellyyttään äidillisellä tavallaan hän alkoi keskustella heidän kanssaan. Ashramin asukkaat ymmärsivät nyt, miksi Äiti oli halunnut jäädä ulos eikä ollut halunnut mennä huoneeseensa.

Perhe oli lähtenyt Quilonista illalla kahdeksan aikaan toivoen saapuvansa ashramiin ennen kello yhdeksää ja näkevänsä äidin, mutta heidän autonsa oli mennyt rikki matkalla. Kun vika löydettiin ja auto oli korjattu, oli jo hyvin myöhä. He päättivät palata Quiloniin vieraillakseen Äidin luona jonain toisena päivänä.

Mutta perheen viisivuotias poika oli hyvin pettynyt ja toisti jatkuvasti haluavansa nähdä Äidin samana yönä. Hän oli niin sinnikäs, että loppujen lopuksi perhe myöntyi hänen toivomukseensa ja he jatkoivat matkaansa ashramiin. He eivät lainkaan ajatelleet näkevänsä Äitiä niin myöhään yöllä. Heidän ainoa toiveensa oli viettää muutamia minuutteja ashramin ilmapiirissä ja sen jälkeen palata takaisin Quiloniin. Mutta saapuessaan he suureksi hämmästyksekseen näkivät Äidin seisomassa ashramin edessä kuin heitä odottaen.

Perheellä oli joitakin vakavia ongelmia. Heidän kärsivät sydämensä saivat lohtua nähdessään Äidin. Hän oli heille hyvin myötätuntoinen ja puhui heille yli kaksi tuntia. Kello puoli viisi aamulla oltuaan juuri kylvyssä Äiti käveli taas ulkona. Hän näytti raikkaalta ja säteilevältä. Eräs *brahmachareista* lähestyi Äitiä ja pyysi: "Amma, miksi et mene lepäämään? Tänään on *Devi bhava* -päivä, joten et voi levätä ensi yönäkään."

"Poikani," Äiti vastasi, "kenenkään ei tulisi nukkua *archanan* aikana, se olisi huono esimerkki. Aamun archanan aikana koko ashramin tulisi olla hereillä ja sykkiä henkistä voimaa, joka tulee resitoinnista. Mitään *tamasista* energiaa ei pitäisi olla läsnä samaan aikaan.

Brahmachari jatkoi: "Mutta Amma, sinä olet kaiken ulottumattomissa. Olet *Devi* itse. Sinä et kiinnity mihinkään ja olet kaikesta täysin riippumaton."

Äiti vastasi: "Poikani, jos Amma ei olisi hereillä tuohon aikaan, niin et olisi sinäkään. Se aiheuttaisi itsekuriongelmia ashramissa ja jokainen tekisi, mitä haluaisi. Jollei Amma olisi esimerkkinä ja seuraisi omia ohjeitaan, kukaan ei noudattaisi sääntöjä."

"Mutta Amma, jos kehosi ei saa levätä, eikö terveytesi kärsi siitä?", kysyi *brahmachari*. "Sinä kärsit kaikkien puolesta. Amma, mitä me, lapsesi, voisimme tehdä puolestasi?" *Brahmachari* melkein kyynelehti puhuessaan.

Äiti taputti häntä hellästi selkään ja sanoi: "Älä sure Amman puolesta." Osoittaen itseään hän sanoi: "Tämä keho pitää huolen itsestään. Amma ei ole tullut maailmaan suojelemaan kehoaan. Amma ei välitä siitä, mitä hänen keholleen tapahtuu - antaa sen elää luonnollista elämäänsä. Amma haluaa uhrata kaiken lastensa kohottamiseksi ja maailman hyväksi. Teidän tulee tehdä tarkasti jokapäiväiset tehtävänne ja yrittää vapautua egon otteesta. Siinä on tarpeeksi. Poikani, Amma päättää kaikesta, mikä liittyy tähän kehoon ja sen olemassa-oloon maailmassa. Sillä on tarkoituksensa täytettävänään. Vain sen saavutettuaan tämä keho lähtee."

Äiti lausui viimeiset kolme lausettaan kuin olisi puhunut ne toisesta maailmasta. Jonkun aikaa *brahmachari* vain seisoi siinä ja tuijotti Äitiä, tuota sanoin kuvaamatonta ilmiötä. Ja sitten *brahmachari* lähti meditaatiohalliin, missä aamun *archana* oli juuri alkamassa.

ॐ

12. luku

Kuolema on ainoastaan muutos

Äiti istui muutamien *brahmacharien* kanssa kuun valaiseman taka-veden rannalla. Kuu ja tähdet olivat kuin sinisenmustalle taivaalle siroteltuja jalokiviä. Eräs *brahmachari* kysyi Äidiltä: "Amma, mikä aiheuttaa kuolemantuskan ja kuolemanpelon?"

Äiti: "Kuolemantuska syntyy ajatuksesta, että kuolema tuhoaa kaiken, mitä sinulla on, kaiken mihin olet kiintynyt ja takertunut. Sellainen kiintymys aiheuttaa tuskaa. Jos vain voit jättää kaikki kiintymykset, silloin kuoleman tuska muuttuu autuuden kokemukseksi. Kuolemassa menetät kaiken, minkä väität kuuluvan itsellesi. Kaikki mikä on sinulle rakasta ja ihanaa, perheesi, rakkaittesi ja lähimmäistesi rakkaus ja nauru, tämä ihana maailma kaikkine kallisarvoisine aarteineen, kaikki tulee hajoamaan ja katoamaan. Pelkkä ajatus siitä ravistelee koko olemustasi. Haluat unohtaa kuoleman, koska pelkäät, että joudut unohduksiin etkä enää ole olemassa. Se tappaa intosi ja lamaannuttaa ja kauhistuttaa sinua, joten et halua ajatella sitä lainkaan.

Kysymys: "Amma, olen kuullut Sinun sanovan, että kuolema on yksi kokemus muitten joukossa. Mitä tarkoitat sillä?"

Äiti: "Syntymä ja kuolema ovat väistämättömiä kokemuksia. Kun menet kuoleman tuolle puolen, menet myös syntymän tuolle puolen. Henkilö, jolle kuolema ja syntymä ovat luonnollisia, aivan kuten mikä tahansa elämänkokemus, voi elää onnellista ja autuaallista elämää. Hän näkee koko elämän kaikkine sen hyvine ja huonoine kokemuksineen kuin se olisi näytelmä. Hän ei valita mistään. Hän ei löydä vikoja kenestäkään tai mistään tilanteesta. Sellaisella ihmisellä on aina aito hymy huulillaan, silloinkin kun hän joutuu vastatusten elämän vaikeimpien tilanteiden kanssa. Toisten ihmisten sanat ja teot eivät voi loukata tai suututtaa häntä. Hän on aina rentoutuneessa ja tyynessä mielentilassa ja nauttii elämästä viattomasti ihmetellen kuin lapsi.

Aivan kuten joku muu iloinen hetki elämässä, myös kuolema voi olla iloinen kokemus. Ihmiset tavallisesti iloitsevat lapsen syntyessä, mutta itkevät, kun joku kuolee. Sekä syntymä että kuolema ovat luonnollisia muutoksia. Mutta tämän voimme tietää vasta, kun olemme menneet egon tuolle puolen ja oivaltaneet Itsen.

Lapsen syntymä on siirtymävaihe, eikä se lopu siihen. Lapsi kasvaa ja käy läpi useita elämän vaiheita ja tapahtumia. Keho muuttuu, lapsesta tulee teini-ikäinen, sen jälkeen nuori aikuinen, sitten seuraa keski-ikä ja lopulta vanhuus. Muutosprosessi jatkuu. Kuolema on toinen siirtymävaihe. Tämä kaikki on luonnollista, siinä ei ole mitään outoa. Sinun tulisi nähdä kuolema luonnollisena muutoksena kuten muutkin muutokset kehossa. Syntymä ei ole elämän alku eikä kuolema sen loppu. Alku ja loppu ovat suhteellisia.

Kun lapsi syntyy, ajattelemme sen olevan elämän todellinen alku. Mutta elämä itsessään ei ole ensimmäinen eikä viimeinen, uusi tai vanha. Se ei ole koskaan alkanut, eikä se koskaan lopu. Elämän toinen nimi on Jumala. Kehon ehdollistama elämä tunnetaan jivatmana. Tuo sama elämä ilman ehdollistumia on *Paramatman*. Elämä on siten toinen nimi *Atmanille* eli *Brahmanille*. Elämällä ei ole alkua eikä loppua.

Sen tähden uusi syntymä ei ole olemassaolon alku. Voit kutsua sitä uudeksi aluksi tai uudeksi mahdollisuudeksi jatkaa matkaa kohti olemassaolon todellista lähdettä. Syntymä on kuin palauttaisi saman sisällön uudessa pakkauksessa.

Kuolema ei ole täydellinen tuho, se on tauko. Se on kuin painaisi nauhurin «pause» nappia kesken laulun. Ennemmin tai myöhemmin, kun painonappi taas vapautetaan, laulu jatkuu. Kuolema on ainoastaan valmistautumisaikaa ennen seuraavaa elämää. Purat sisällön pakataksesi sen uudestaan tuoreeseen, uuteen pakkaukseen, ainekset ovat samat. Elämä ja kuolema ovat kaksi tärkeää elämän tapahtumaa, kaksi voimakasta kokemusta. Kun oivallat, että syntymä ja kuolema eivät ole alku eikä loppu, elämästä tulee rajattoman kaunis ja autuas. Kokemukset vaihtelevat, mutta sisäinen 'kokija' - Itse, Jumala tai Elämä - on muuttumaton. Tämä on totuus, joka on tarpeellista oivaltaa. 'Kokija' eli kaikkien kokemusten, jopa syntymän ja kuoleman perusta on aina sama. Se on katoamaton ja muuttumaton. Kokija vie sinut kaikkien kokemustesi läpi. Tämä on totuus, jota aika ja tila eivät voi muuttaa.

Syntymän ja kuoleman todellisuus on ainoastaan suhteel-lista. Se ei ole todellista lopullisesta näkökulmasta katsottuna. Nämä kaksi kokemusta ovat kuin mitkä tahansa kokemukset elämässä, jotka ihmisen on käytävä läpi. Mutta ne ovat läpikäymistämme kokemuksista kaikkein voimakkaimmat. Niiden voimakkuuden takia luonto on kehittänyt menetel-män, joka saa aikaan sen, että ihminen unohtaa täydellisesti nämä elämänsä kaksi päätapahtumaa. Tavallisen ihmisen on vaikeaa tajuta omaa syntymäänsä tai kuolemaansa niiden tapahtuessa. Näissä kahdessa elämänkoke-muksessa, syntymässä ja kuolemassa olemme avuttomia. Lapsi on avuton kohdussa, sekä tullessaan sieltä ulos. Kuolevalla ihmisellä on samanlainen tilanne. Molempien kokemusten aikana ego on vetäy-tynyt niin kauas taustalle, että se on täysin voimaton. Lapset, ette ole tietoisia, mitä teille tapahtuu kuoleman hetkellä tai sen jälkeen. Teidän on oltava pelottomia ja täysin tietoisia ollaksenne avoimia kuoleman kokemukselle. Jos pelkäätte, sulkeudutte kokemukselta. Ainoastaan ne, joilla on riittävästi syvyyttä, jotka ovat pelottomia, ja jotka ovat alati tietoisuuden tilassa, absoluuttisen valveillaolon tilassa, kykenevät tietoisesti kokemaan autuuden kuoleman hetkellä.

Olettakaamme, että teillä on erittäin kova vatsakipu. Olette silloin tietoisia kivusta. Keho tuntee heti, jos vesi on kylmää tai kuumaa. Mieli tuntee välittömästi surun, jota koette isänne kuol-lessa ja ilon, jota koette lapsenne syntyessä. Myös älynne reagoi välittömästi, kun teitä kehutaan tai loukataan. Mutta syntymän ja kuoleman hetkellä mielenne ei saa niistä suoraa kokemusta. Tästä syystä emme pidä syntymää ja kuolemaa tavallisina kokemuksina.

Jos pystytte kulkemaan tietoisina ja valppaina kuoleman kokemuksen läpi, tulee siitä muiden kokemusten kaltainen tavallinen kokemus. Tuolloin syntymä ja kuolema eivät vaivaa teitä. Te vain hymyilette molempien tapahtumien aikana. Silloin kuolema ei ole enää teille outo kokemus. Tämä on kuitenkin mahdollista vain, jos olette yhtä todellisen Itsen kanssa.

Kysymys: "Amma, miksi emme koe selvästi syntymän ja kuoleman hetkeä?"

Äiti: "Syynä on tietoisuuden puute. Meidän tietoisuutemme taso on hyvin alhainen. Järjettömästä maailmaan kiintymises-tämme ja puutteellisesta käsityskyvystämme johtuen vietämme lähes tiedostamatonta elämää, vaikka liikumme ja hengitämme.

Kun olemme päässeet irti kaikista näistä kiintymyksistämme, tulee kuolemasta autuaallinen kokemus. Oivallettuanne, että ette ole keho, vaan korkein tietoisuus, olemassaolonne koko keskus vaihtuu Itseen. Heräätte ja oivallatte, että olitte unessa ja että uni, joka on tämä maailma ja kaikki siinä olevat kokemuksenne, on vain näytelmä. Nauratte kaikille väreille, aivan kuten lapsi, joka nauraa sateenkaaren erilaisille väreille ja nauttii siitä ihmettelevin silmin. Samoin te huomaatte nauravanne ilosta ja jatkavanne nauramista jopa joutuessanne kasvotusten kuoleman kanssa, koska kuolema on vain yksi värien leikeistä, yksi erilainen sävy sateenkaaressa.

Kun saavutatte tämän tilan, kaikki sellaiset kokemukset kuten onnellisuus ja suru, loukkaus ja ylistys, kuumuus ja kylmyys, syntymä ja kuolema, kulkevat suoraan lävitsenne. Te olette tuon kaiken taustalla oleva 'kokija', kaikkien kokemusten ehdoton perusta, joka on näkemässä kaikkea kuin viaton lapsi.

Lapset, oppikaa tekemään kaikki tietoisesti. Ei edes yksi hengenveto saisi tapahtua tiedostamattanne. Olkaa tietoisia jokaisesta liikkeestänne. Tällä tavalla tulette vähitellen täysin tietoisiksi, jopa kuolemastanne.

Saavuttaaksenne täydellisen ykseyden tilan Korkeimman kanssa teidän on kadotettava itsenne. Kaikkein suurin pelkomme kuitenkin on, että menetämme itsemme, sillä itsensä menettäminen on yksi kuolemisen tapa ja kuka haluaisi kuolla? Jokainen haluaa elää. Mutta voidaksemme elää täysipainoista elämää, meidän on opittava rakastamaan elämää sen ytimestä käsin ja antaa kaiken muun mennä. Ottakaa elämä vastaan avoimin sylin, ja antakaa kiintymystenne mennä. Luopukaa kaikesta siitä, mihin olette ripustautuneet, kaikista katumuk-sista, peloista ja ahdistuksista. Tämä kaikesta luopuminen ei ole lainkaan menetys. Se on suurin voitto, mikä on olemassa. Se tuo teille koko kaikkeuden, ja teistä tulee Jumala."

ॐ

13. luku

Sisäisen näön antaminen sokealle

Ashramissa asui eräs nuori mies, joka oli ollut syntymästään saakka sokea. Hänen saapumisestaan lähtien *brahmacharit* olivat huolehtineet hänestä ja kaikista hänen tarpeistaan. He huolehtivat hänen syömisestään ja auttoivat häntä jopa WC:hen. Tänään Äidin *darshaniin* tuli odotettua enemmän ihmisiä. Siitä syystä lounaaksi valmistettu riisi ja curry loppuivat hyvin nopeasti. Uuden erän keittämistä valmisteltiin, sillä kaikki eivät olleet ennättäneet syödä. Työmäärän takia *brahmacharit* unohtivat tuoda sokean miehen huoneestaan lounaalle. Huomattuaan virheensä yksi brahmachareista kiirehti heti miehen huoneeseen noutaakseen hänet. Mutta sokea mies oli jo tulossa alas portaita erään oppilaan auttamana. *Brahmachari* selitti mitä oli tapahtunut ja pyysi anteeksi: "Ole kiltti ja anna minulle anteeksi. Olin niin kiireinen jakaessani ruokaa ruokahallissa, että unohdin tulla hakemaan sinut."

Mutta sokea mies ei ollut tyytyväinen. Hän oli loukkaantu-nut ja onneton. "Minulla on rahaa", hän sanoi. "Voin aina saada ruokaa ashramin ulkopuolelta, jos maksan siitä." Näin sanoen hän palasi huoneeseensa oppilaan avustuksella.

Vaikka mies oli kiihtynyt, *brahmachari* ei välittänyt siitä, vaan ajatteli miehen käyttäytyneen niin, koska hänellä oli nälkä. *Brahmachari* tuli pian takaisin tuoden mukanaan hedelmiä, jotka hän laittoi miehen eteen. Hän sanoi tälle: "Lounas on valmis muutaman minuutin päästä. Tuon ruokasi. Voisitko sillä aikaa syödä nämä hedelmät?" Mutta mies oli yhä vihainen ja kieltäytyi jyrkästi ottamasta vastaan hänelle tarjottuja hedelmiä.

Tapahtuma kantautui Äidin tietoon ja pian sen jälkeen hän meni sokean miehen huoneeseen. Äiti katsoi *brahmacharia* ankarasti ja sanoi: "Missä on tarkkaavaisuutesi? Miksi et huolehtinut ajallaan hänen lounastaan? Jos ajattelit, että hänen noutamiseensa kuluu liikaa aikaa, olisit voinut tuoda ruoan hänen huoneeseensa. Jos et tunne myötätuntoa avuttomia, kuten tätä poikaa kohtaan, mitä hyötyä on henkisten harjoitusten tekemisestä? Lapset, älkää hukatko ainoatakaan tilaisuutta palvella muita. Ketään apua tarvitsevaa ei pitäisi odotuttaa, vaan heitä tulisi auttaa välittömästi, eikä vain silloin, kun meille parhaiten sopii. Toimistoissa ja muilla työpaikoilla ihmiset tekevät tehtävänsä aikataulun mukaan. He saavat korvauksen tekemästään työstä ja siksi he työskentelevät. Mutta *sadhakan* (henkisen kokelaan) koko elämä on omistettu toisten palvelemiseen. Palkka ei tule kuukausipalkkana, vaan se tulee puhtaan mielen ja Jumalan armon muodossa. Koska ette saa heti korvausta, teidän ei tulisi tuntea, että työnne on arvottomampaa tai että työn aloittamista voi hiukan viivytellä. Jokainen mahdollisuus toisten palvelemiseen on käytettävä sataprosenttisesti ja työ tulisi tehdä rakkaudella ja huolella. Vain näin tehtynä siitä tulee jumalanpalvelus. Todellista palvelua on auttaa avuntarpeessa olevia ja yrittää ymmärtää heidän tarpeitaan ja tunteitaan."

Äiti silitti sokean miehen selkää ja kysyi häneltä: "Poikani, tulitko surulliseksi? *Brahmacharit* olivat hyvin kiireisiä ruokahallissa, siksi he eivät voineet noutaa sinua oikeaan aikaan. Ja *brahmachari*, joka tavallisesti auttaa sinua, ei ole täällä tänään. Hän uskoi tehtävänsä toiselle *brahmacharille*, joka on vastuussa ruoan jakamisesta ruokailuhallissa. Älä ajattele, että se tapahtui tarkoituksella. Poikani, sinun tulisi olla joustavampi ja sopeutua niihin olosuhteisiin, joissa kulloinkin olet. Kärsivällisyys on välttämätöntä ashramissa. Niin kauan kuin olet täällä, sinun pitäisi olla valmis uhrautumaan hiukan silloin tällöin. Sillä tavalla saat Jumalan armon.

Poikani, sokeutesi ei ole sinun varsinainen ongelmasi. Muista, että olet lähempänä Jumalaa, todellista Itseäsi, kuin suurin osa ihmisistä, jotka näkevät. On totta, että et näe maailmaa, mutta voit tunta Jumalan paremmin kuin henkilö, joka näkee, edellyttäen että sinulla on oikeaa ymmärrystä ja tarkkaavaisuutta. Näkevä henkilö etääntyy Jumalasta, todellisesta luonnostaan, *Atmanista*, koska hän liikkuu esineiden maailmassa liian paljon. Joten älä ajattele että olisit epäonnekas. Opi sopeutumaan elämään ja olemaan maltilli-sempi ja kärsivällisempi. Se varmasti auttaa sinua kokemaan Jumalan läsnäolon sekä sisäpuolella että ulkopuolella. Poikani, maailmassa on miljoonia ihmisiä, jotka hukkuvat suruun ja toivottomuuteen, vaikka heillä on silmät, joilla nähdä maailma. Mutta on myös ihmisiä, jotka ovat onnellisia ja tyytyväisiä, vaikka he ovat sokeita. Surdas, Sri Krishnan suuri palvoja oli sokea. Mutta hän oli tyytyväinen elämäänsä, koska hän oli riittävän viisas ymmärtääkseen elämän perusperiaatteet. Herraansa kohtaan tuntemansa rakkauden ja palvonnan vuoksi hän kehitti sisäisen silmän, ja hänestä tuli täysin onnellinen, jopa ilman ulkoisia silmiä."

Nuori mies itki, kun hän kuunteli Äidin sanoja. Hän nyyhkytti kuin pieni lapsi. *Brahmacharit* ja muut oppilaat eivät voineet myöskään pidättää kyyneleitään. Niin voimakas rakkaus välittyi Äidin sanoista.

Hellästi miehen selkää hieroen ja käsillään hänen kyyneleitään kuivaten Äiti kysyi: "Poikani, söitkö jotakin?" Hän pyöritti päätään ja sanoi murtuneella äänellä: "En, mutta olen tyytyväinen pelkästä läsnäolostasi ja sanojesi kuuntelemi-sesta. En tunne nälkää enää lainkaan. Sydämeni on niin täynnä nektarin kaltaisten sanojesi iloa."

Äiti pyysi *brahmacharia* tuomaan hänelle lautasellisen ruokaa. Kun tämä tuli takaisin lautanen täynnä riisiä ja currya, Äiti asetti sokean miehen istumaan viereensä ja alkoi syöttää häntä omin käsin. Äiti syötti hänelle riisipalloja, aivan kuten äiti syöttäisi pientä lastaan, kärsivällisesti odottaen hänen nielevän ruoan. Tällä tavoin hän syötti sokealle koko lautasellisen riisiä. Läsnäolijat olivat syvästi liikuttuneita nähdessään sen puhtaan jumalallisen rakkauden, joka virtasi Äidistä. Kaikki alkoivat laulaa hiljaisella äänellä

Kannilengillum

Tänään näin rakkaan Krishnani,
Radhan rakastetun,
en näillä silmillä
vaan sisäisellä silmällä.

Olen nähnyt mielten varkaan,
kauneuden ruumillistuman,
jumalallisen muusikon,
olen nähnyt ykseyden Herrani.

Oliko Hän sininen kuin valtameri?
Oliko Hänellä riikinkukon sulka
koristamassa kiharoita?
En voi sitä sanoa,
mutta olen nähnyt Hänen rakastettavan muotonsa
Hänen huilunsa soinnissa.

ॐ

Sanasto

ARATI: Kamferin polttaminen ja kellojen soittaminen jumalanpalveluksen (*pujan*) loputtua. Palaessaan kamferi ei jätä jälkeensä mitään ja sen polttaminen symbolisoi egon täydellistä tuhoutumista.

ARCHANA: Jumalanpalveluksen muoto, jossa resitoidaan satakahdeksan tai tuhat Jumalan eri nimeä.

ARJUNA: Kolmas viidestä Pandavan veljeksestä. Taitava jousiampuja, joka on yksi *Mahabharatan* sankareista. Hän oli Krishnan ystävä ja oppilas. Arjuna oli se, jota Krishna puhutteli *Bhagavad Gita* eepoksessa.

ASHRAM: Pyhimyksen erakkomaja tai asunto; luos-tarityyppinen henkinen keskus.

ATMAN: Todellinen Itse, sisäinen olemuksemme, joka on yhtä *Brahmanin* kanssa. Yksi *Sanatana Dharman* (hindulaisuuden) olennaisista periaatteista tähdentää, että me emme ole fyysinen keho, tunteet, mieli, äly tai persoonallisuus. Olemme ikuinen, puhdas, virheetön Itse.

AUM: Pyhä perussointu tai värähtely, joka edustaa *Brahmania* ja koko luomista. Aum on ensimmäinen mantra ja usein toisten mantrojen alussa.

BHAJAN: Antaumuksellinen laulu tai antaumuksellinen laulaminen.

BHAVA: Mielentila, tietoisuudentila.

BHAVA SAMADHI: Mielen täydellinen sulautuminen Jumalaan antaumuksellisen rakkauden avulla.

BRAHMA: Luojajumaluus.

BRAHMACHARI(NI): Gurun ohjauksessa oleva, selibaatissa elävä, henkistä itsekuria harjoittava oppilas. Naispuolisesta *brahmacharini*.

BRAHMAN: Absoluuttinen todellisuus, kokonaisuus, kaikkien nimien ja muotojen tuolla puolella oleva korkein voima, joka sulkee sisäänsä ja läpäisee kaiken, joka on yksi ja jakamaton.

DARSHAN: Pyhän ihmisen tai Jumalan kohtaaminen tai näkeminen näyssä.

DEVI: Jumalatar.

DEVI BHAVA: Jumalallinen mielentila, jossa Amma ilmentää jumalallista Äitiä.

DEVI MAHATMYAM: Vanha pyhä hymni, joka ylistää jumalallista Äitiä.

DHARMA: "Se mikä pitää yllä kaikkeutta." *Dharmalla* on monta merkitystä: jumalalliset lait, eläminen jumalallisen sopusoinnun mukaisesti, oikeamielisyys, uskonnollisuus, hyveellisyys, velvollisuus, vastuullisuus, hyvyys, oikeu-denmukaisuus ja totuus. *Dharma* tarkoittaa uskonnon sisäistä periaatetta. Ihmisen *dharma* on oivaltaa hänen myö-täsyntyinen jumaluutensa.

GOPI: Lehmityttö. *Gopit* tunnetaan korkeimmasta antau-muksesta Krishnaa kohtaan.

GURUKULA: Gurun ashram, joka on samalla koulu. Oppilaat saavat siellä sekä henkisten että maallisten tietojen perustan opiskelemalla ja palvelemalla.

INKARNAATIO: Kehollistuminen. Lihaksi tuleminen. Jumalallisen sielun laskeutuminen fyysiseen kehoon.

JIVATMAN: Yksilösielu: jumallinen sielu eli Atman kehoon, mieleen ja älyyn samaistuneena ja niiden ehdollistamana.

KALI: Yksi Jumalallisen Äidin olemuksista. Egosta käsin katsottuna hän saattaa vaikuttaa pelottavalta, koska hän tuhoaa egon. Mutta hän tuhoaa sen mittaamattoman myötätuntonsa vuoksi. Palvoja tietää, että Kalin hurjan ulkomuodon takana on rakastava Äiti, joka suojelee lapsiaan ja antaa heille armon saavuttaa vapauden.

KAMSA: Sri Krishnan demoninen setä, jonka hän surmasi.

KANNA: "Hän, jolla on kauniit silmät". Krishnan lapsuuden ajan lempinimi. Krishnaa palvotaan joskus jumalallisena lapsena.

KESAVA: "Hän, jolla on pitkät, kauniit hiukset." Yksi Krishnan nimistä.

KIRTAN: Hymni.

KRISHNA: Vishnun kuuluisa inkarnaatio. Hän syntyi kuninkaalliseen perheeseen, mutta kasvoi kasvatusvanhem-piensa luona. Hän eli karjapaimenena Vrindavanissa, jossa *gopit* ja *gopat*, hänen uskolliset seuralaisensa rakastivat ja palvoivat häntä. Hän oli Pandavien serkku ja neuvonantaja, erityisesti Arjunan, jota hän opetti. Nämä opetukset ovat *Bhagavad Gita*ssa.

LIILA: "Leikki". Jumalan toiminta, joka on luonteeltaan vapaata, eivätkä sitä sido mitkään lait.

MADHAVA: "Hän, joka on suloisen makea kuin hunaja." Yksi Krishnan nimistä.

MAHABHARATA: Pyhimys Vyasan kirjoittama intialainen eepos. Se kuvaa tuhoisaksi sodaksi kulminoitunutta perheriitaa Krishnan serkkujen, Pandavien ja Kauravien välillä.

MAHATMA: Suuri sielu, pyhimys.

MANTRA: Pyhä tavuyhdistelmä tai rukous, jonka toistaminen herättää oppilaan henkisen energian ja saa aikaan henkisen puhdistumisen ja auttaa häntä saavuttamaan päämääränsä. Se on kaikkein tehokkain, jos sen saa suoraan Mestarilta vihkimyksen aikana.

MAYA: Illuusio, harha. Jumalallinen "verho", jonka taakse Jumala luomisen leikissään kätkee itsensä, antamalla siten vaikutelman moninaisuudesta ja luomalla harhan erillisyydestä. Kun harhan verho peittää todellisuuden, se saa meidät uskomaan, että täydellisyys ja tyytyväisyys löytyvät ulkopuoleltamme.

MOKSHA: Vapautuminen syntymän ja kuoleman kier-tokulusta.

MUDRA: Pyhä käden asento, joka ilmentää mystistä, henkistä totuutta.

NARAYANEEYAM: Krishnan elämää kuvaava kertomus, jonka on kirjoittanut Krishnan harras palvoja Narayana Bhattatiri Keralasta.

PADA PUJA: Jumalan tai pyhimyksen jalkojen palvonta-seremonia. Kuten keho on jalkojen varassa, guru on korkeimman totuuden ylläpitäjä. Siten gurun jalat edustavat korkeinta totuutta, jota *pada pujassa* palvotaan.

PANDAVAT: Kuningas Pandun viisi poikaa ja *Mahabharata-*eepoksen sankarit.

PARAMATMAN: Perimmäinen Itse tai Jumala.

POOTANA: Naispaholainen, joka yritti surmata Krishnan vauvana syöttämällä häntä myrkyllisestä rinnastaan. Hän kuitenkin kuoli itse, kun jumalallinen lapsukainen imi elämän voiman hänestä.

PRASAD: Jumalanpalveluksen lopussa jaettava pyhitetty uhrilahja. Jumalan tai mestarin antama pyhä lahja.

PUJA: Jumalanpalvelus, palvonta.

PURNAM: Täydellinen, kokonainen.

RAJASUYA YAGNA: Kuninkaiden suorittama pyhitetty uhri.

RAMA: *Ramayana*-eepoksen jumalallinen sankari, Vishnun inkarnaatio. Häntä pidetään oikeudenmukaisuuden ihanteena.

RAMAYANA: Valmiki-nimisen pyhimyksen kirjoittama eepos, joka kertooVishnun inkarnaation Raman elämästä.

RISHIT: (Rsi = tietää) Tavallisesti viitataan muinaisen Intian seitsemään *rishiin*, eli itseoivaltaneisiin sieluihin, jotka pystyivät näkemään jumalallisen totuuden ja jotka välittivät tämän näkynsä edelleen *veda*-kirjoitusten kautta.

SADHAK: Henkinen pyrkijä.

SADHANA: Henkinen harjoitus.

SAKSHI BHAVA: Todistajan, sivustakatsojan asenne.

SAMADHI: (Sam= kanssa; adhi= Jumala.Ykseys Jumalan kanssa.) Syvä keskittynyt tila, jossa kaikki ajatukset lakkaavat ja mieli vaipuu täydelliseen hiljaisuuteen. Pysyessämme korkeimmassa Itsessä (*Atmanissa*) ainoastaan puhdas tietoisuus jää jäljelle.

SANKALPA: Luova, perustavanlainen päätös. Todellisen pyhimyksen *sankalpa* on luova voima ja se toteutuu aina.

SANJAASI(NI): Askeetti, joka on antanut lupauksen luopua maailmasta. Perinteisesti sanjaasi pukeutuu okran väriseen vaattceseen, joka edustaa kaikkien kiintymysten loppuun palamista. Naispuolisesta *sanjaasini*.

SAT-CHIT-ANANDA: Puhdas olemassaolo-tietoisuus-autuus. Autuaallisessa tietoisuudessa oleminen.

SATGURU: Jumaloivalluksen saavuttanut henkinen mestari.

SHAKTI: Kaikkeuden Äiti; *Brahmanin* luova olemuspuoli.

SHANTI: Rauha.

SHIVA: "Onnea ja menestystä tuova, armollinen ja hyvä." *Brahmanin* staattinen (liikkumaton) olemuspuoli, joka ilmenee maskuliinisena voimana. Shiva edustaa myös kolminaisuuden yhtä olemuspuolta, joka liittyy maailmankaikkeuden tuhoamiseen. Sekä sen tuhoamiseen, mikä ei ole todellista.

SHRADDHA: Huolellisuus, valppaus, luottamus. Amman teksteissä tätä sanaa käytetään usein kuvaamaan tark-kaavaisuutta, johon liittyy rakkaudellinen huolellisuus käsillä olevaa työtä kohtaan.

SISHYA: Henkisen mestarin oppilas.

SITA: Raman puoliso. Intiassa täydellisen naisen ihanne.

SLOKA: Sanskritin kielinen jae, säe.

SRIMAD BAGAVATAM: Kirja, joka kertoo Vishnun inkarnaatioista, erityisesti Krishnasta ja hänen lapsuudenajan leikeistään. Kirja painottaa palvonnan ja antaumuksellisuuden merkitystä.

TAMASINEN: Yksi kolmesta gunasta (luonnon perus-ominaisuudet). Hidas energia, "pimeys", velttouden ja ristiriitaisuuden voima, apaattisuus, tietämättömyys henkisestä totuudesta.

TAPAS: "Kuumuus". Itsekuri, katumusharjoitus, uhrau-tuvaisuus. Henkiset harjoitukset, joiden tarkoituksena on mielen puhdistaminen epäpuhtauksista.

UDDHAVA GITA: Krishnan ja hänen hartaan palvojansa Uddhavan välinen keskustelu, joka sisältyy Vyasan *Srimad Bhagavatamiin.*

VASANA: (tulee sanasta "vas" = elossa oleva, olla jäljellä) Ehdollistumat, havaintojen ja tekojen mieleen jättämät vaikutteet, joilla on taipumusta ilmentyä tiettynä käytöksenä ja totuttuna tapana. Vasanat ovat kokoelma kokemusten (*samskarat*) alitajuntaan jättämiä jälkiä.

VEDANTA: *Upanishadien* filosofia.(Ks. *Vedat*). *Vedojen* keskeisin osa, joka sisältää perimmäisen totuuden "yhdestä ja jakamattomasta".

VEDAT: "Tieto, viisaus". Muinaiset, pyhät hindulaiset kirjoitukset. Pyhien tekstien kokoelma, joka on neliosainen: *Rig, Yajur, Sama* ja *Atharva*. *Vedat* muodostuvat sadas-tatuhannesta jakeesta sekä muusta proosasta. *Vedojen* vanhin osa on peräisin n. 6000 eKr. ja se kirjoitettiin sanskritin kielelle 2000-500 eKr. *Vedat* ovat maailman vanhimpia pyhiä kirjoituksia. Niitä pidetään Jumalan *risheille* suoraan antamina korkeimman totuuden ilmoituksina.

VISHNU: "Kaikkialla läsnäoleva". Yksi Jumalan nimistä. Hän tulee maailmaan jumalallisena inkarnaationa, hetkellä jolloin maailma tarvitsee Hänen armoaan kaikkein eniten. Häntä palvotaan tavallisesti Krishnan ja Raman, hänen kahden inkarnaatiomuotonsa kautta. Vishnu edustaa myös kolmi-naisuuden yhtä olemuspuolta, kaikkeuden ylläpitävää voimaa.